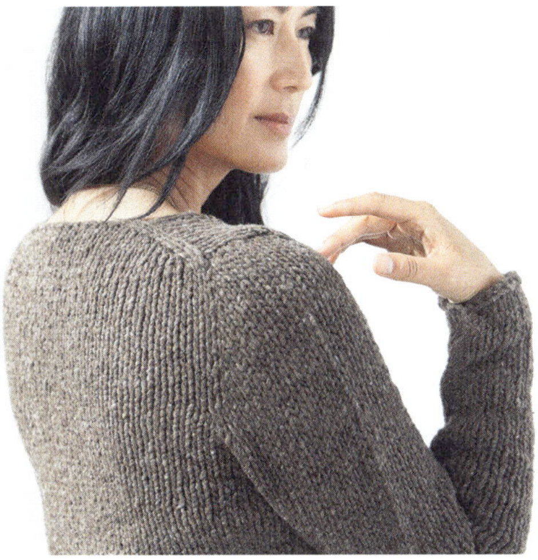

Mit großer Dankbarkeit für alle Strickerinnen auf der ganzen Welt, ohne die ich nicht als Strickdesignerin und Stricklehrerin arbeiten könnte.

Cocoknits Sweater Workshop by Julie Weisenberger

www.cocoknits.com

Modefotos © 2017 Cera Hensley
Anleitungsfotos © 2017 Elysa Weitala
Coverfoto: Modell Emma, Version B (Anleitung ab S. 58)

5., durchgesehene Auflage 2026

Bibliografische Information der Deutschen Nationalbibliothek:
Die Deutsche Nationalbibliothek verzeichnet diese Publikation in der Deutschen Nationalbibliografie; detaillierte bibliografische Daten sind im Internet über http://dnb.de abrufbar.

Stiebner Verlag GmbH, Lothstraße 4,
80335 München | E-Mail: verlag@stiebner.com

Übersetzung aus dem Englischen und Satz:
Susanne Schmidt-Wussow
Redaktion der deutschen Ausgabe:
Karin Leonhart für bookwise GmbH, München

ISBN: 978-3-8307-2082-9

Druck: Graspo Printing House, Tschechien

Wir produzieren unsere Bücher mit großer Sorgfalt und Genauigkeit. Trotzdem lässt es sich nicht ausschließen, dass uns in Einzelfällen Fehler passieren. Unter www.stiebner.com/errata/2082-9.html finden Sie eventuelle Hinweise und Korrekturen zu diesem Titel. Möglicherweise sind die Korrekturen in Ihrer Ausgabe bereits ausgeführt, da wir vor jeder neuen Auflage bekannte Fehler korrigieren. Sollten Sie in diesem Buch einen Fehler finden, so bitten wir um einen Hinweis an verlag@stiebner.com. Für solche Hinweise sind wir sehr dankbar, denn sie helfen uns, unsere Bücher zu verbessern.

www.stiebner.com

COCOKNITS

PULLOVER STRICKEN IN EINEM STÜCK

Julie Weisenberger

Modefotos: Cera Hensley
Anleitungsfotos: Elysa Weitala

stiebner

Einleitung

Ich liebe stricken.

Vor über dreißig Jahren habe ich damit begonnen, Strickkleidung zu entwerfen, und auch heute ist Stricken noch immer meine allerliebste Beschäftigung. Wenn ich einen freien Tag habe, verbringe ich ihn mit Stricken. Das höre ich auch von vielen anderen Strickerinnen: Ohne Strickzeug kann ich gar nicht fernsehen. Oder: Das ist die einzige Möglichkeit, einen Elternabend, eine Autofahrt oder eine Sportveranstaltung zu überstehen. Oder auch: Ich stricke heimlich während einer Telefonkonferenz. Und wie so viele Strickerinnen fühle ich mich, sobald ich ein Wollgeschäft betrete, wie ein Kind in einem Süßwarenladen, gerate angesichts der Farben ins Schwärmen, und es juckt mich in den Fingern, alles anzufassen. Dann genieße ich es, mir die Zeit zu nehmen, etwas Atemberaubendes, aus dem man einen Pulli stricken könnte, auszuwählen, um es dann mit nach Hause zu nehmen und damit sofort die Maschen anzuschlagen!

Besonders liebe ich es, Oberteile zu stricken. Ich liebe sie alle – von leichten sommerlichen T-Shirts und Tanktops über mittelschwere Cardigans bis hin zu voluminösen, kuscheligen Winterpullovern. Und ich liebe es, diese Leidenschaft mit meinen Schülerinnen zu teilen. Insbesondere liebe ich es, Pullover zu entwerfen, die Frauen auch tragen werden, und den Strickprozess zu vereinfachen, damit jede die Zeit findet, sie zu stricken. Ich suche bei jeder Gelegenheit nach Inspiration, vor allem aber auf Reisen. An Orten wie San Francisco, New York und Paris schaue ich mir die Mode auf der Straße und in den Schaufenstern an, komme dann nach Hause und übertrage das, was mir gefallen hat, auf elegante – und umsetzbare – Modelle.

In den 90er-Jahren wechselte ich vom Design für Konfektionskleidung zum Design für Handstricker, ein Schritt, der einige Jahre später durch das Internet wesentlich erleichtert wurde. 2007 begann ich, Strickmuster auf meiner Website cocoknits.com zum Kauf anzubieten, und schwor mir, niemals ein Buch zu schreiben (weil das zu viel von meiner Strickzeit wegnehmen würde!). Aber ich war auch auf Reisen und unterrichtete, und irgendwann wurde mir klar, dass ich einfach nicht jeden durch Kurse erreichen konnte und dass nicht alle meine Designideen und -techniken in herunterladbaren Anleitungen vermittelbar sind. Ich erkannte, dass es nun an der Zeit war, ein Buch zu schreiben!

In *Cocoknits – Pullover stricken in einem Stück* zeige ich Ihnen meine einzigartige Technik. Ich erkläre die von mir entwickelten Methoden zum Stricken von nahtlosen, kleidsamen maßgefertigten Pullovern von oben nach unten und stelle neun Modelle vor. (In nachfolgenden Kollektionen werde ich Anleitungen zu weiteren Modellen anbieten, aber dieses Buch wird die wichtigste Grundlage für alle Techniken bleiben.) Ich habe auch die Cocoknits-Pullover-Vorlage beigefügt, mit detaillierten Anweisungen, wie Sie sie ausfüllen und nutzen können. Diese Vorlage wird Ihnen helfen, den Überblick zu behalten, und das bei jedem Top-down-Projekt, nicht nur den hier vorgestellten. Das ausgefüllte Arbeitsblatt zeigt Ihnen auf einen Blick, wo und wann Sie Maschen zunehmen müssen. Das vereinfacht das Stricken ungemein.

Auch wenn ich die Anleitungen bebildert habe, handelt es sich hier nicht um ein Stricklehrbuch. Ich gehe davon aus, dass Sie die Grundtechniken des Strickens bereits kennen. Ich erkläre nicht, wie Sie einen eigenen Pullover entwerfen können (nächstes Buch?), aber ich zeige Ihnen, wie man Anleitungen abändert, sodass Ihr Werk eine individuelle Passform erhält. In einem der Kapitel erfahren Sie etwas über Proportionen und wie man sie einsetzt, um das für den jeweiligen Figurtyp passende Modell zu wählen.

Vor allem hoffe ich, dass dieses Buch Ihr Selbstvertrauen stärkt und Ihre Begeisterung weckt für das Stricken und Tragen von Pullovern und Jacken, egal, ob Sie noch ganz am Anfang stehen oder schon Strick-Profi sind.
Für dieses Buch habe ich mir sehr viel Mühe gegeben, um die Cocoknits-Methode so verständlich wie möglich darzustellen – so, wie ich es auch in meinen Kursen halte. In gewisser Weise ist dieses Buch besser als meine Kurse, denn Sie können alle Informationen in Ihrem eigenen Tempo verarbeiten und diese immer wieder nachlesen. Wenn Sie trotzdem einen meiner Kurse besuchen möchten, freue ich mich schon jetzt, Sie kennenzulernen. Die Termine finden Sie auf meiner Website. Bis dahin erst mal: Willkommen! Nehmen Sie Ihre Nadeln und Ihr Garn zur Hand und lassen Sie uns anfangen!

1. Die Cocoknits-Methode

Es gibt viele Arten, einen Pullover zu entwerfen, aber in diesem Buch konzentriere ich mich speziell auf die sogenannte Cocoknits-Methode. Alle Pullover in diesem Buch beginnen gleich: Maschen am hinteren Halsausschnitt anschlagen, Maschen für Schultern und Ärmel aufnehmen, Vorderteil, Ärmel und Rückenteil gleichzeitig arbeiten und dabei auf die gewünschte Oberweite zunehmen und schließlich bis zu den unteren Kanten von Rumpf und Ärmeln weiterstricken. Meine Pullover werden nahtlos von oben nach unten mit eingesetzten Ärmeln und passgenauen Schultern gestrickt und sind daher formstabil, bequem und schmeicheln der Figur.

In den letzten zehn Jahren habe ich Hunderten von Strickerinnen die Cocoknits-Methode beigebracht. Während dieser Zeit habe ich sowohl ein Darstellungssystem für meine Muster als auch eine Reihe von Hilfsmitteln wie die Cocoknits-Pullover-Vorlage entwickelt, die das Stricken besonders einfach und intuitiv machen.

Der Cocoknits-Werkzeugkasten

Mit guten Hilfsmitteln macht das Stricken gleich noch mehr Spaß. Natürlich schafft man sich nicht alles auf einmal an, sondern nach und nach, ganz nach Bedarf und Finanzen. Daher habe ich die Hilfsmittel, die ich empfehle, in zwei Kategorien unterteilt: unverzichtbar und zusätzlich.

Unverzichtbare Hilfsmittel

- **Rundstricknadeln**
  Mindestens 100 cm lang mit weichem, biegsamem Seil. (Ich liebe das Stecksystem Addi-Click.)
- **Vorlage Cocoknits-Pullover**
  Mithilfe der Vorlage (siehe S. 144) behalten Sie Zu- und Abnahmen problemlos im Auge. Sie können sie aus diesem Buch für den Eigenbedarf kopieren oder separat als Block kaufen.
- **Maschenmarkierer**
  In sechs Farben, passend zur Cocoknits-Pullover-Vorlage.
- **Bleistift zum Ausfüllen der Vorlage**
  Bewahren Sie ihn zusammen mit Ihrem Strickzeug auf.
- **Dünne Nadelspielnadeln oder Rundstricknadel**
  (2–2,75 mm) zum Aufnehmen von Maschen.
- **Garnschere oder Haushaltsschere**
  Zum Abschneiden von Wolle.
- **Wollnadel**
  Zum Vernähen der Garnenden.
- **Maßband**
  Mit einem Maßband, das Sie gern benutzen, macht Abmessen richtig Spaß.

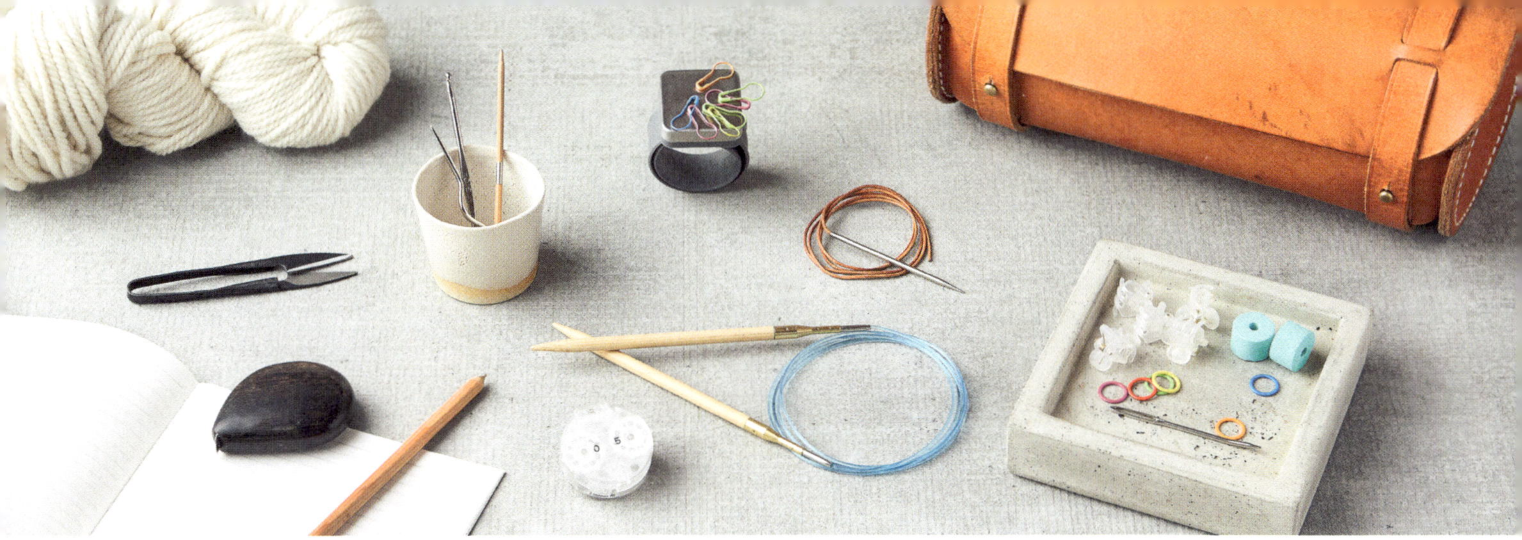

Zusätzliche Hilfsmittel

Magnet-Armband „Makers Keep“

Dieses Hilfsmittel habe ich entworfen, um die farbigen Cocoknits-Maschenmarkierer und andere Metallteile wie Woll- und Zopfnadeln immer zur Hand zu haben. Sie können es ums Handgelenk tragen oder wie ein Lineal auf die Reihe in der Vorlage legen, die Sie gerade stricken.

Reihenzähler

Zum Mitzählen der Reihen (besonders hilfreich beim Stricken der nahtlosen Passe eines Pullovers). Der Cocoknits-Reihenzähler ist praktisch, weil er am Magneten des „Makers-Keep“-Armbands haftet, aber natürlich eignet sich auch jeder andere Reihenzähler (mit oder ohne „Makers Keep“).

Halteklammern

Zum Schließen der Achselöffnungen, damit sie vor dem Zusammennähen nicht ausleiern. Die matt transparenten „Cocoknits Claw Clips“ sind unauffällig und funktionieren mit praktisch jeder Garnstärke. Sie können auch jede andere Art von Klammer benutzen, z. B. kleine Haarklammern oder Vielzweckklemmen.

Maschenstopper

Die „Cocoknits Stitch Stoppers“ lassen sich ganz auf die Nadel schieben, damit sie nicht von den Nadelenden rutschen und Sie alle Maschen fallen lassen, wenn Sie Ihr Top-down-Projekt anprobieren. Die kleineren halten auch Maschen auf dem Seil von Rundnadel-Stecksystemen, während Sie die Nadeln woanders einsetzen. Geeignet sind auch alle anderen Arten von Maschenstoppern zum Aufstecken, mit denen Sie gut zurechtkommen.

Cocoknits-Wechselnadeln mit Lederband

Diese Nadel mit Innengewinde lässt sich auf jedes Seil „schrauben“. Zum Set gehören zwei Lederbänder. So können Sie die Ärmelmaschen auf das Band schieben, die Nadel abschrauben, das Band verknoten und auf der anderen Seite ebenso verfahren. Sobald die Ärmel dran sind, schrauben Sie die Nadel einfach wieder auf das Seil und stricken die Maschen direkt ab. Das funktioniert auch mit Garnresten und Stopfnadel; dann müssen Sie die Maschen vor dem Weiterstricken aber erst auf eine Stricknadel schieben. Sie können auch ein unbenutztes Seil aus einem Stecksystem verwenden, wobei ich diese aber etwas steif und unhandlich finde.

„Knitter's Block Spannset“

In diesem Set finden Sie alles, was Sie zum Spannen und Pflegen von handgestrickten und gekauften Handwäsche-Textilien benötigen. Sie brauchen das Set nicht unbedingt, aber es macht das ungeliebte Spannen und Waschen wesentlich angenehmer.

Das Spannset enthält 18 quadratische, wasserfeste Platten (30,5 cm Kantenlänge) als überall verwendbare Spannunterlage, ein Gittertuch und T-Nadeln für das traditionellere Spannen. Das Set findet in einem kompakten Beutel Platz.

Aufbau eines Cocoknits-Pullovers

Von oben nach unten und ohne Nähte

Im Gegensatz zu Pullovern, die in Einzelteilen (Vorderteil, Rückenteil, Ärmel) gestrickt und zusammengenäht werden, entsteht ein Teil nach der Cocoknits-Methode ohne Nähte durch eine Kombination aus Flach- und Rundstrickerei auf Rundstricknadeln. Pullover lassen sich fast vollständig rund stricken, während Strickjacken in einem Stück mit der Öffnung vorn flach gestrickt werden.

Ich bevorzuge das nahtlose Stricken, weil es schneller geht. Sobald Sie ein Teil fertig gestrickt haben, brauchen Sie nur noch die Öffnungen unter den Ärmeln zu schließen und die Garnenden zu vernähen, und schon können Sie Ihren Pullover spannen und tragen.

Nahtlose Pullover können von unten (also vom Saum) nach oben oder von oben (also vom Halsausschnitt) nach unten gearbeitet werden. Bei der Cocoknits-Methode beginnt der Pullover am hinteren Halsausschnitt, dann werden Maschen für die passgenauen Schultern und Ärmel aufgenommen und die Oberweite angepasst, sobald Sie beim Brustbereich angekommen sind. Ich stricke lieber von oben nach unten, weil ich den Pullover dann während der Arbeit anprobieren und bei Bedarf jederzeit abändern kann.

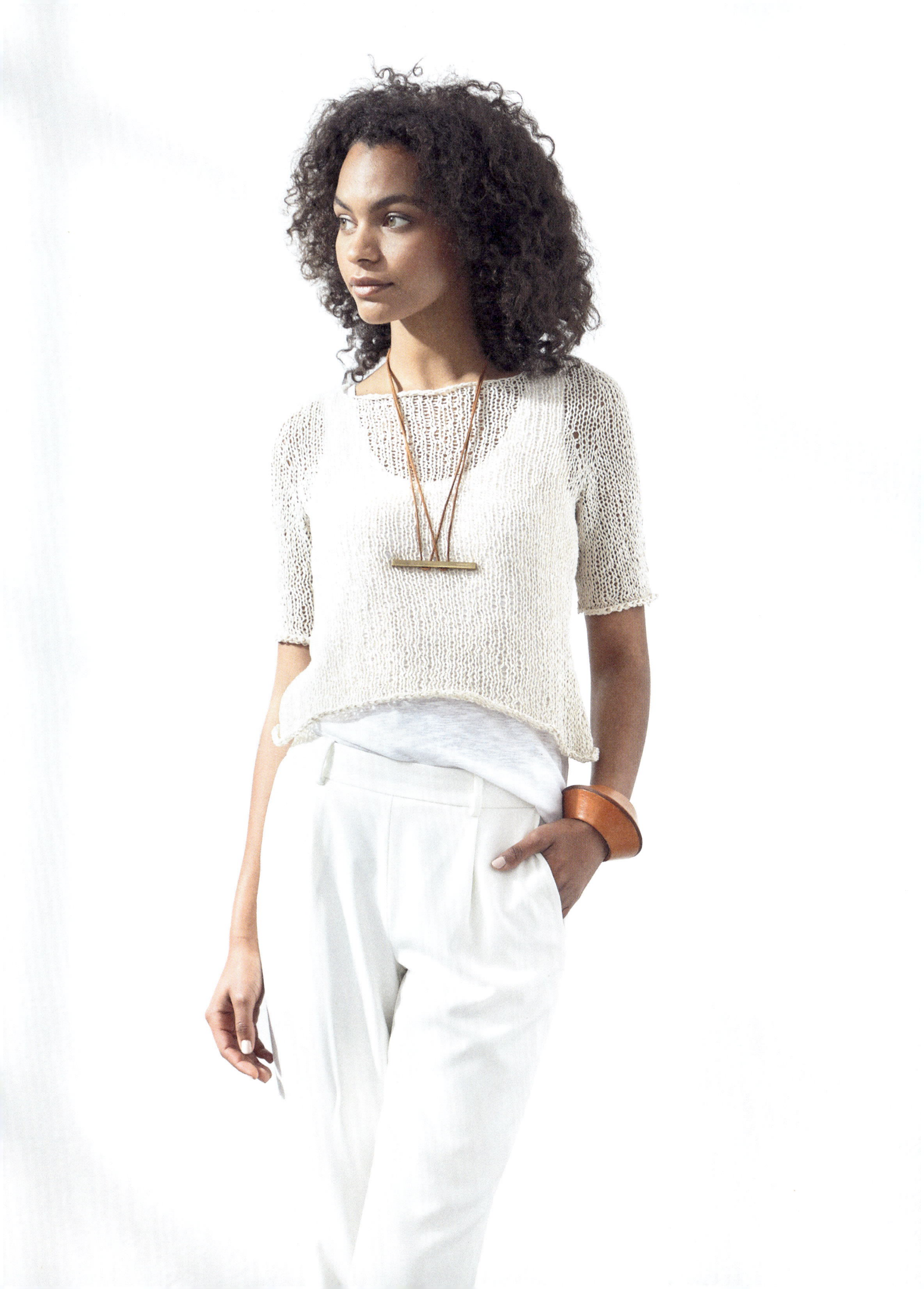

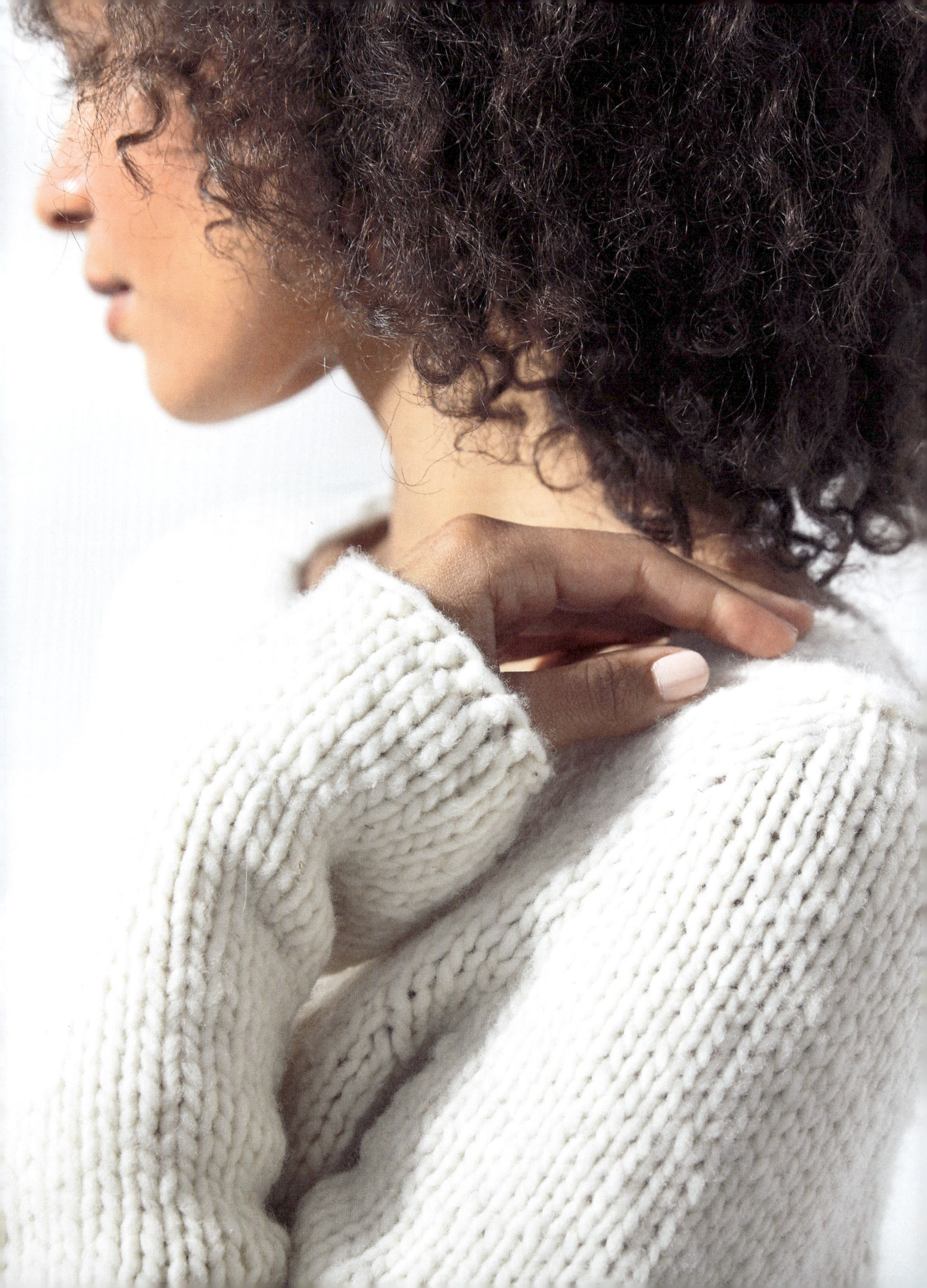

Passgenaue Schultern und eingesetzte Ärmel

Die Verbindung zwischen Schultern, Ärmeln und Rumpf eines Pullovers hat einen großen Einfluss darauf, wie er aussieht und wie er sich trägt. Beim Handstricken werden Vorder- und Rückenteil eines Pullovers oft an den Schultern zusammengenäht, ohne dass auf die natürlich abfallende Schulterlinie Rücksicht genommen wird.

In meinem Entwurf entsteht eine anatomisch geformte „Schale", die die Schultern vom Halsansatz über die Schulterrückseite zum Ärmel hin ausrichtet. Wenn die oberen Ränder der geraden Schultervorderseiten mit den abfallenden Schulterrückseiten verbunden werden, entsteht eine kleine dreidimensionale Tasche, die sich an die Schulter schmiegt und für eine hervorragende Passform sorgt.

Ich habe diese Methode schon bei Konfektionskleidung gesehen und einige Verweise darauf in Nähanleitungen gefunden – teilweise unter der Bezeichnung „French Tailoring" oder „English Tailoring" –, aber meiner Erfahrung nach wird sie selten beim Handstricken eingesetzt. Wenn Sie erst einmal wissen, worauf Sie achten müssen, werden Sie diese Form recht häufig in maschinengestrickten Kleidungsstücken wiedererkennen, von T-Shirts bis hin zu Pullovern. Achten Sie auf eine Naht, die diagonal vom Halsansatz über den Rücken läuft statt auf der Schulter entlang.

Eingesetzte Ärmel werden in ein geformtes Armloch eingenäht, das der Körperform folgt und harmonisch mit passgenauen Schultern zusammenarbeitet. Mir gefallen die vorteilhaften Linien der senkrechten optischen „Naht" zwischen Ärmel und Rumpf und auch die Passform, die eingesetzte Ärmel erzeugen. Die senkrechten Ärmellinien schaffen die Illusion einer längeren, schlankeren Silhouette, indem sie den Blick nach oben und unten über den Oberkörper führen. Auch wenn es sich um eine optische Täuschung handelt, nutzen die meisten Frauen sie gern zu ihrem Vorteil.

Nahtlose Passe nach der Cocoknits-Methode

Hier unterscheidet sich die Cocoknits-Methode von anderen Strickanleitungen. Da der Pullover überwiegend an Hals, Schultern und Passe an die Körperform angepasst wird, strickt sich der Rest praktisch von selbst.

Jeder Cocoknits-Pullover wird auf dieselbe Weise begonnen:

Abschnitt I Maschen am hinteren Halsausschnitt anschlagen, der obere Rücken entsteht durch Zunahmen.

Abschnitt II An den schrägen Seiten des oberen Rückens Maschen für die linke und rechte Schulter aufnehmen.

Abschnitt III Nun über die linke Schulter stricken, Maschen für den linken Ärmel aufnehmen, über den Rücken stricken, Maschen für den rechten Ärmel aufnehmen und über die rechte Schulter stricken. In der nächsten Rückreihe farbige Maschenmarkierer für die einzelnen Passeteile setzen. Diese beiden Reihen sind hier dunkelbraun.

Abschnitt IV Die restliche Passe nach der farbcodierten Vorlage für Cocoknits-Pullover arbeiten. Die Vorlage gibt an, ob die Zunahmen vor oder nach den Markierern erfolgen, sodass Sie beim Stricken keine Maschen zählen müssen.

Wenn die Passe fertig ist, werden Rumpf und Ärmel ohne Nähte bis zum Saum bzw. zu den Ärmelbündchen gearbeitet.

Auf den nächsten Seiten finden Sie eine Schritt-für-Schritt-Anleitung. Sie können sie erst ganz durchlesen, bevor Sie ein Muster auswählen und einen Pullover beginnen, oder erst ein Muster wählen und dann die Anleitung lesen – womit auch immer Sie sich am wohlsten fühlen.

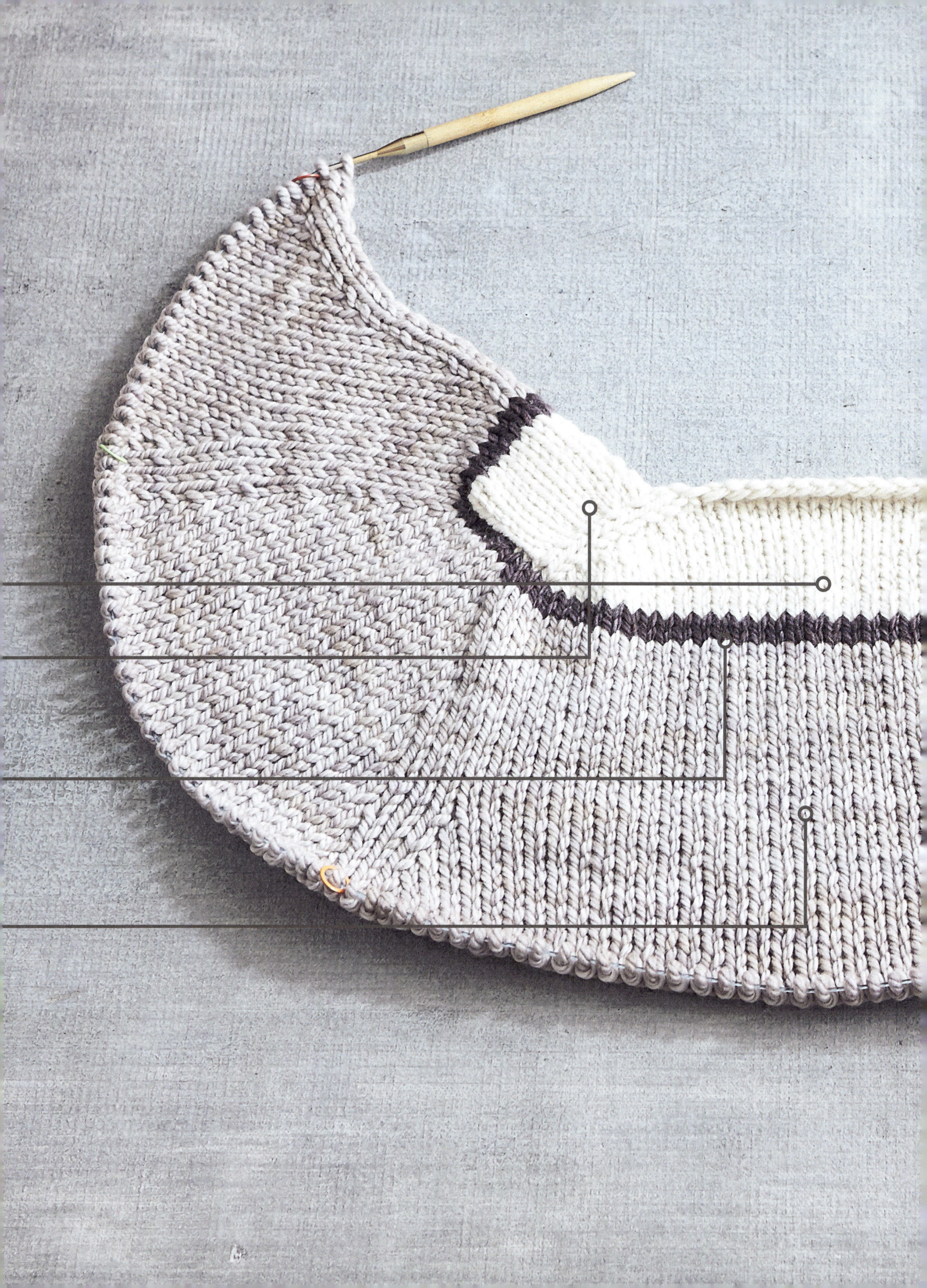

Abschnitt I

Oberer Rücken

Maschenanschlag hinterer Halsausschnitt und erste Reihen

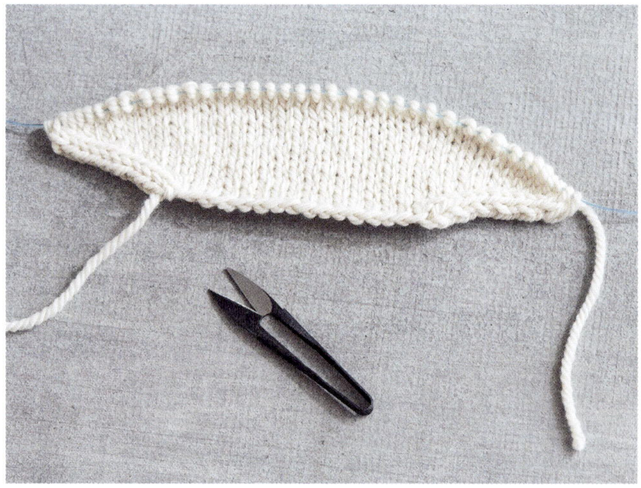

Jeder Pullover in diesem Buch beginnt mit einem Kreuzanschlag am hinteren Halsausschnitt, gefolgt von einer Grundreihe auf der Rückseite.

Anschließend nehmen Sie am Ende jeder Reihe (Hin- und Rückreihen) je eine Masche zu, bis die Maschenzahl für die angegebene Schulterbreite in Ihrer Größe erreicht ist.

Zugenommen wird immer aus einer tiefer gestochenen Masche. Die vier verschiedenen Methoden für die Zunahmen finden Sie Schritt für Schritt in Kapitel 5 (ab S. 110) erklärt.

Nach den im Muster angegebenen Zunahmen schneiden Sie den Faden ab (längeres Ende zum Vernähen lassen) und legen die Maschen still, während Sie mit Abschnitt II – Schultern fortfahren (siehe S. 20).

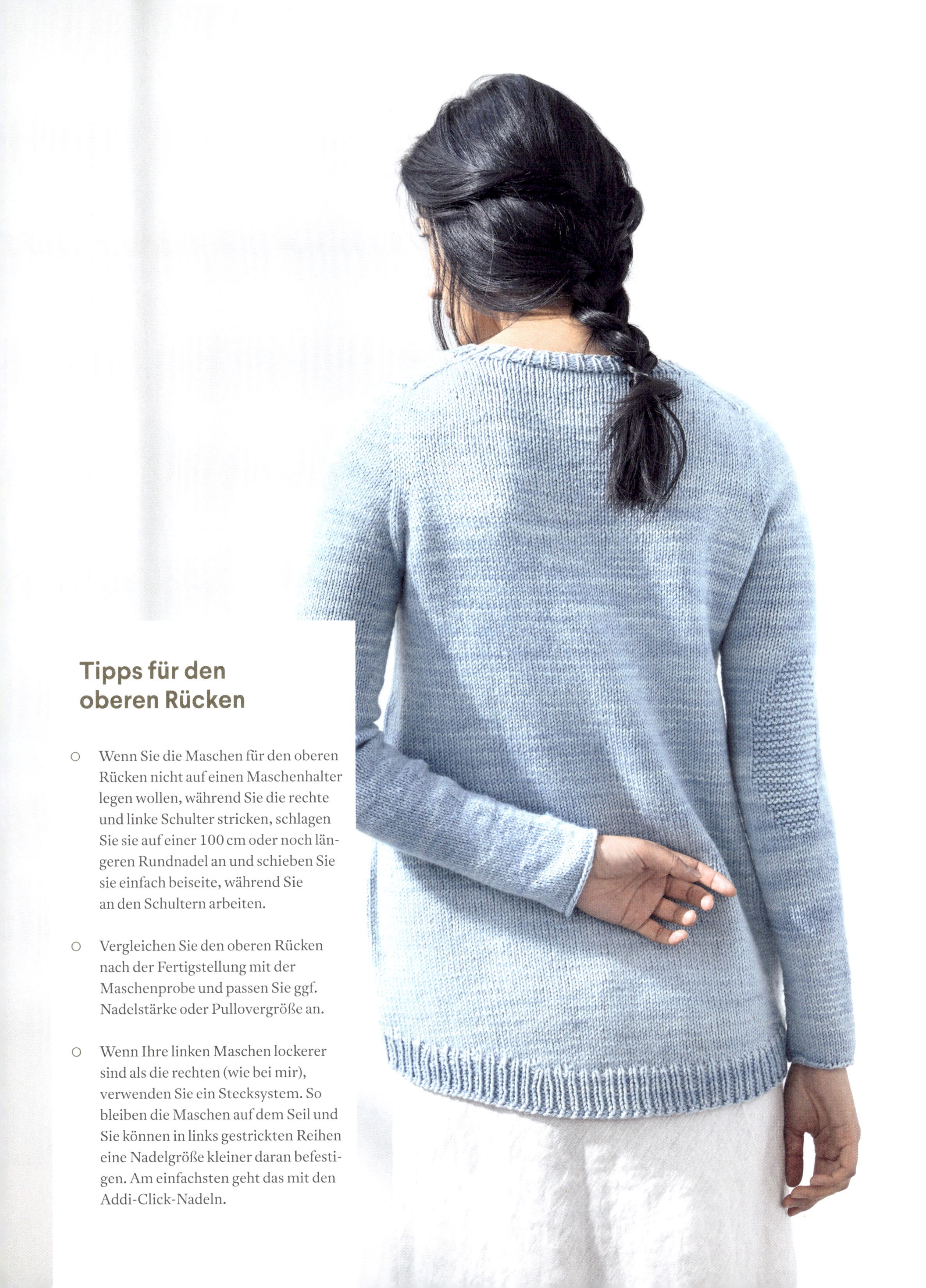

Tipps für den oberen Rücken

- Wenn Sie die Maschen für den oberen Rücken nicht auf einen Maschenhalter legen wollen, während Sie die rechte und linke Schulter stricken, schlagen Sie sie auf einer 100 cm oder noch längeren Rundnadel an und schieben Sie sie einfach beiseite, während Sie an den Schultern arbeiten.
- Vergleichen Sie den oberen Rücken nach der Fertigstellung mit der Maschenprobe und passen Sie ggf. Nadelstärke oder Pullovergröße an.
- Wenn Ihre linken Maschen lockerer sind als die rechten (wie bei mir), verwenden Sie ein Stecksystem. So bleiben die Maschen auf dem Seil und Sie können in links gestrickten Reihen eine Nadelgröße kleiner daran befestigen. Am einfachsten geht das mit den Addi-Click-Nadeln.

Abschnitt II

Schultern formen

Vorbereitungen zum Aufnehmen der Schultermaschen

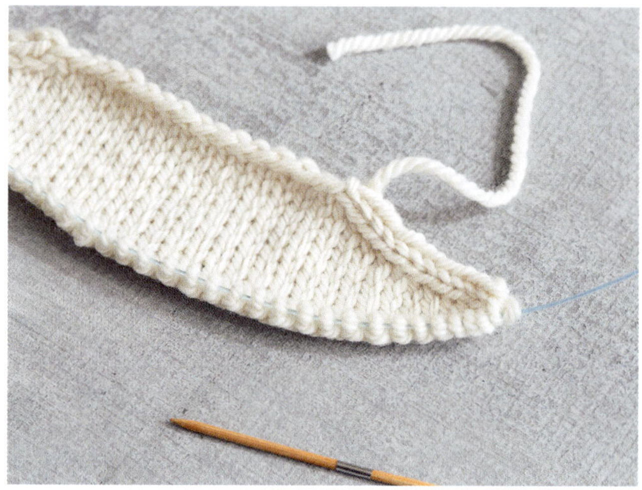

Nun nehmen Sie an den Seitenrändern des oberen Rückenteils erst für die eine, dann für die andere Schulter Maschen auf. Die Methode, die dabei zum Einsatz kommt, unterscheidet sich leicht von der herkömmlichen Art des Maschenaufnehmens. Auf S. 120 wird sie genauer erklärt.

Drehen Sie zunächst das obere Rückenteil so, dass der Anschlagrand oben und die stillgelegten Maschen unten liegen, wie im Bild oben zu sehen ist.

Maschen für die rechte Schulter aufnehmen

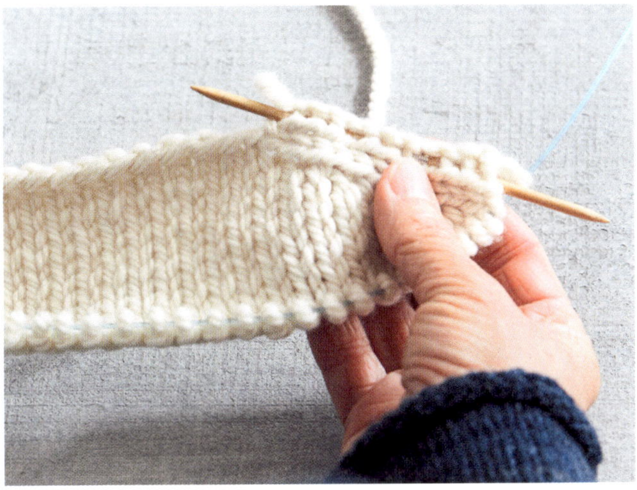

Für die rechte Schulter nehmen Sie nun mit einer kurzen Nadelspielnadel oder einer Rundstricknadel die waagerechten Querfäden neben den Randmaschen an der rechten Schulterkante auf. Überspringen Sie dabei jeden vierten Querfaden, wie oben gezeigt und ausführlicher auf S. 120 erklärt. Setzen Sie den Faden dann am unteren Rand wieder an und stricken Sie die aufgenommenen Querfäden verschränkt ab. Achten Sie dabei darauf, die ausgelassenen vierten Querfäden ebenfalls aufzunehmen und abzustricken.

Die benötigte Maschenanzahl pro Schulter ist in der Anleitung angegeben. Wenn Sie weniger Maschen brauchen, als Querfäden vorhanden sind (was häufig der Fall ist), nehmen Sie in der ersten Reihe Maschen ab, indem Sie so oft zwei Querfäden zusammenstricken (2 M re verschr zus-str), bis Sie auf die korrekte Maschenzahl kommen.

Beendete rechte Schulter

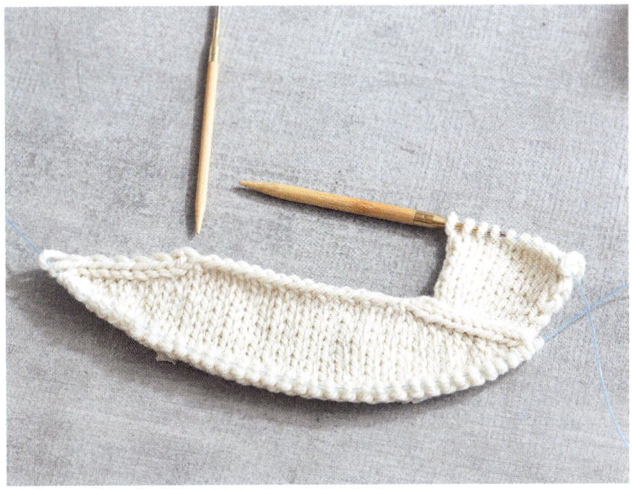

Stricken Sie über die Maschen der rechten Schulter in Hin- und Rückreihen, wie in der Anleitung angegeben. Anschließend schneiden Sie den Faden ab und legen die Schultermaschen still bzw. wenn Sie mit einer langen Rundstricknadel arbeiten, heben Sie sie von der linken auf die rechte Nadel neben die stillgelegten Rückenmaschen (siehe S. 19).

⟶

Maschen für die linke Schulter aufnehmen

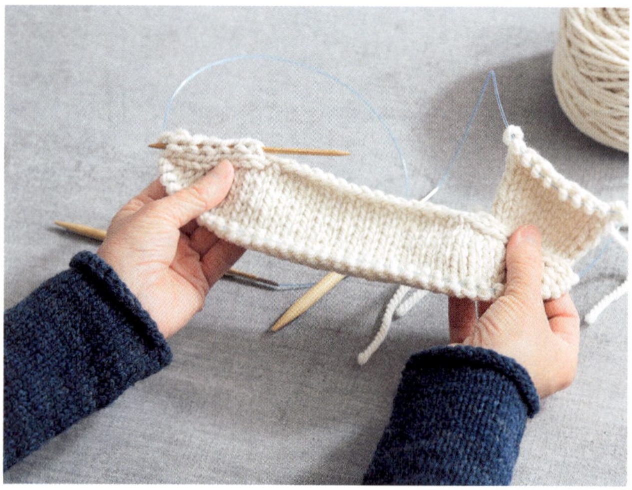

Mit den Maschenaufnahmen für die linke Schulter beginnen Sie am Anschlagrand und nehmen mit einer kurzen Nadelspielnadel oder einer Rundstricknadel die waagerechten Querfäden neben den Randmaschen an der linken Schulterkante auf, bis Sie die stillgelegten Rückenmaschen erreichen. Im Bild oben sind die Maschen des Rückenteils und der rechten Schulter auf einer Rundstricknadel stillgelegt, wie auf S. 123 beschrieben.

Linke Schulter stricken

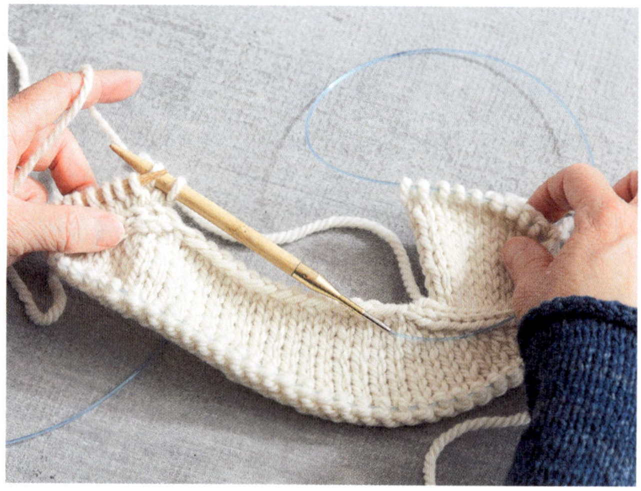

Setzen Sie den Faden an der Anschlagkante an und stricken Sie die linke Schulter nach der Anleitung. Passen Sie dabei die Maschenzahl wie bei der rechten Schulter an.

Beendete rechte und linke Schulter

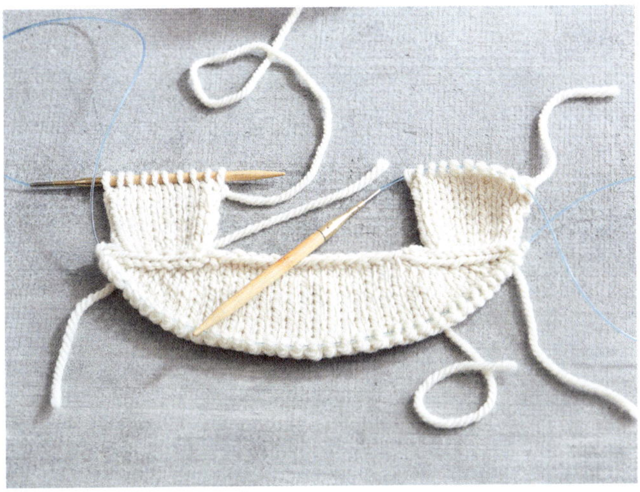

Stricken Sie die linke Schulter gegengleich zur rechten, wie in der Anleitung angegeben. Schneiden Sie den Faden nach der letzten Rückreihe nicht ab.

Abschnitt III

Teile verbinden und Armkugeln stricken

Über die linke Schulter stricken

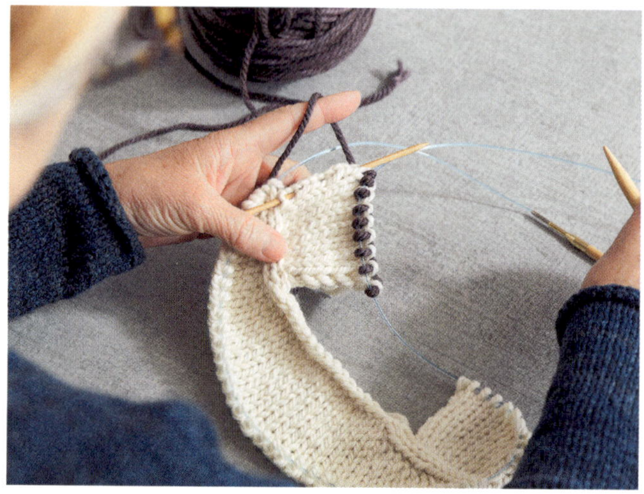

Dieser Abschnitt besteht aus nur zwei Reihen, die ich in einer Kontrastfarbe gestrickt habe, damit sie besser zu erkennen sind. Am Außenrand der Schultern werden nun Maschen für die Armkugel aufgenommen. Verwenden Sie dabei an den Ecken die abgewandelte Magic-Loop-Methode (siehe S. 123).

Reihe 1 (Hinreihe): Stricken Sie über die Maschen der linken Schulter, wo Sie in Abschnitt II aufgehört haben, bis zu den letzten beiden Maschen und nehmen Sie dann nach der Technik auf S. 139 eine Masche ab, um die Randmasche loszuwerden. Nehmen Sie nun mit einer kleinen Nadelspielnadel am Außenrand der linken Schulter nach der auf S. 120 beschriebenen Methode die Querfäden zwischen Randmasche und erster Masche auf.

Maschen für die linke Armkugel aufnehmen

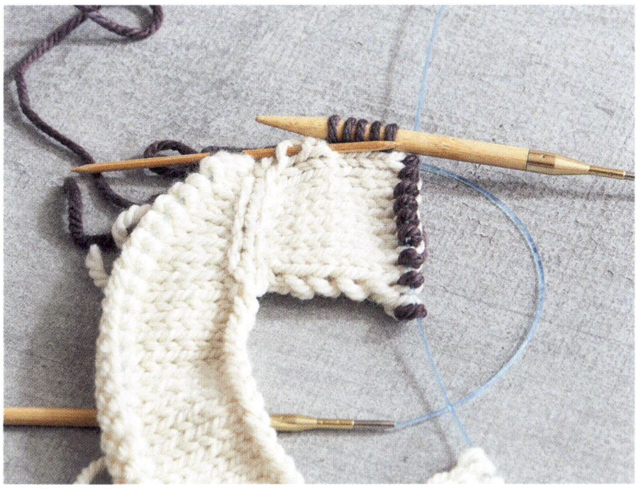

Ziehen Sie das Seil der Rundstricknadel so weit heraus, dass Sie mit der Nadel um die Ecke kommen und die aufgenommenen Querfäden verschränkt abstricken können. Nehmen Sie dabei ggf. so viele Maschen ab, bis die Maschenzahl in der Anleitung erreicht ist.

Über den oberen Rücken weiterstricken

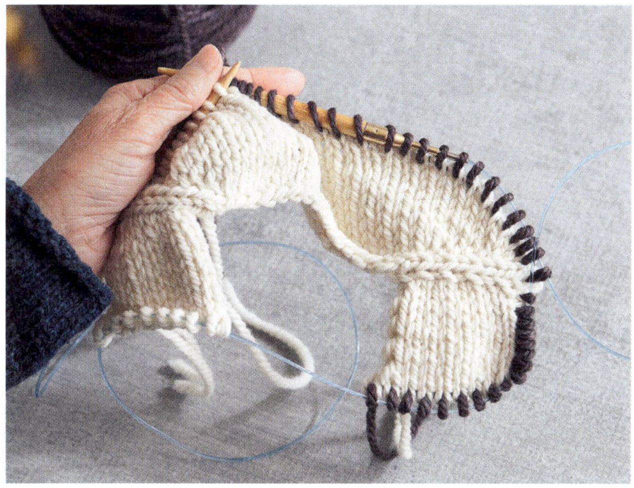

Stricken Sie über den Rücken weiter und führen Sie an beiden Enden Abnahmen durch, wie in der Anleitung angegeben, um die Randmaschen loszuwerden. ⟶

Maschen für die rechte Armkugel aufnehmen

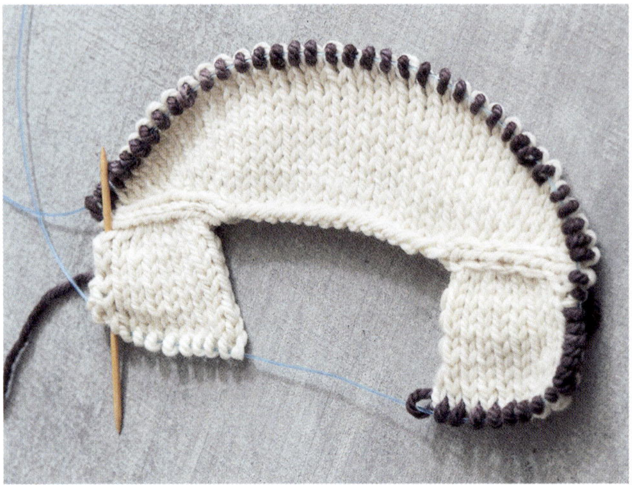

Nehmen Sie für die rechte Armkugel mit einer kurzen Nadelspielnadel die Querfäden am Rand auf, ziehen Sie nach Bedarf das Seil zu einer Schlaufe heraus und stricken Sie die aufgenommenen Maschen wie an der linken Schulter verschränkt ab. Nehmen Sie dabei ggf. so viele Maschen ab, bis die Maschenzahl in der Anleitung erreicht ist. Nehmen Sie am Rand des rechten Vorderteils eine Masche ab, wie in der Anleitung angegeben, um die Randmasche loszuwerden, und stricken Sie bis zum Ende der Reihe.

Beendete Reihe 1 der Verbindung

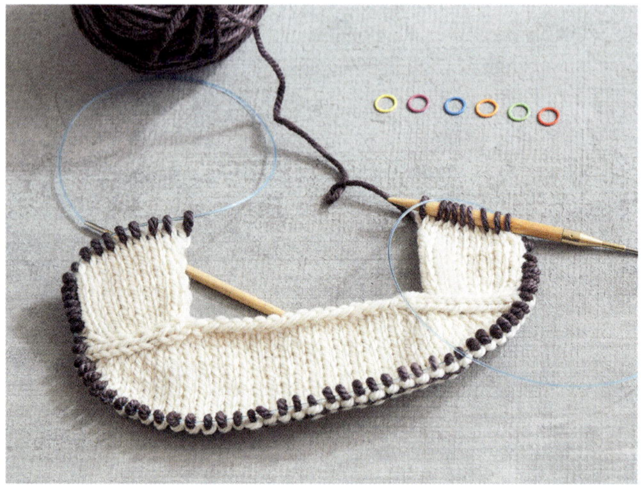

Suchen Sie nach dieser Reihe sechs Markierer in verschiedenen Farben für die zweite Reihe heraus. Wenn Sie der farbcodierten Cocoknits-Pullover-Vorlage folgen möchten, verwenden Sie Markierer in Gelb, Violett, Blau, Orange, Grün und Rot.

In Reihe 2 Markierer setzen

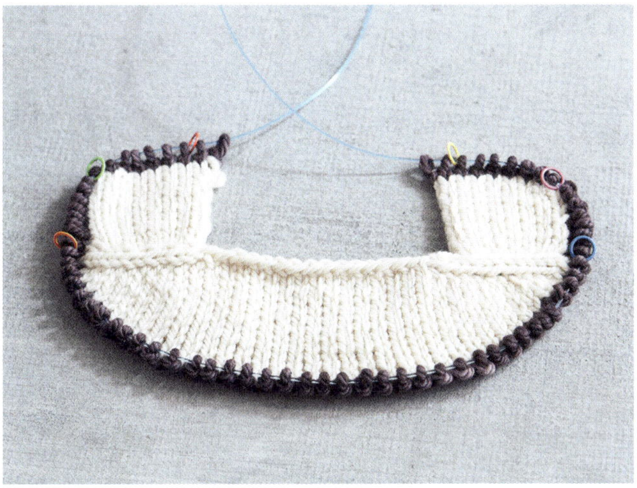

Reihe 2 (Rückreihe): Stricken Sie über die Rückreihe und setzen Sie dabei die sechs Markierer, wie in der Anleitung angegeben.

Nach einigen weiteren Reihen der Passe (Abschnitt IV) werden aus den scharfen Ecken Kurven, und Sie können ohne Magic Loop weiterstricken.

Abschnitt IV

Passe nach der Vorlage für Cocoknits-Pullover fertigstellen

Nachdem Sie den oberen Rücken und die Schultern gestrickt und die Markierer gesetzt haben, ist nun die nahtlose Passe an der Reihe. In diesem Abschnitt werden Vorderteil(e), Ärmel und Rückenteil in einem Stück von den Armkugeln bis zu den Achseln gestrickt. Ab hier gehen Sie außerdem nach der Cocoknits-Pullover-Vorlage vor.

Die Vorlage lässt sich übrigens nicht nur für Cocoknits-Pullover einsetzen, sondern bei jeder Anleitung mit nahtloser Passe. Auf S. 144 finden Sie eine Vorlage zum Kopieren für den Eigenbedarf. Wenn Sie gern mehrere Vorlagen hätten, können Sie über cocoknits.com auch einen Vorlagenblock bestellen. Ich empfehle dringend, farbige Maschenmarkierer zu verwenden, die mit den Farben der senkrechten Linien in der Vorlage übereinstimmen. Das macht es deutlich leichter, den Überblick zu behalten.

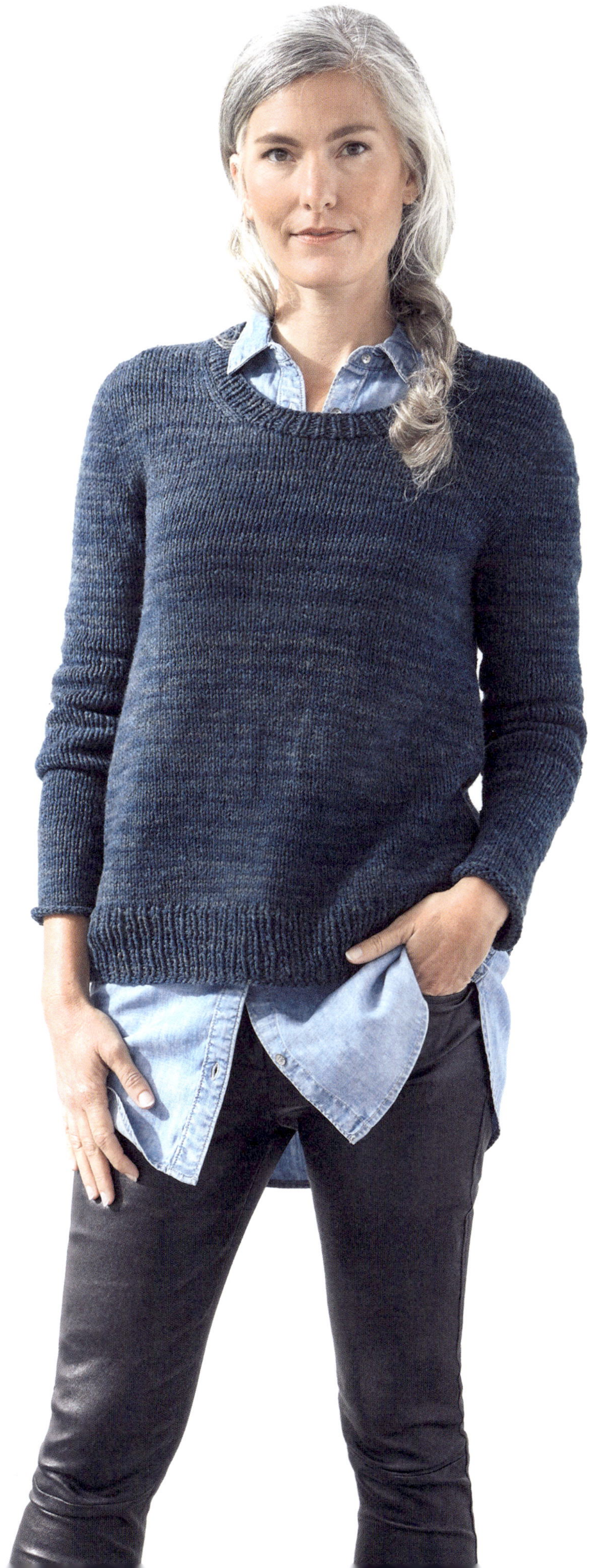

Vorlage Cocoknits-Pullover

Mit dieser Vorlage können Sie die Passe eines Cocoknits-Pullovers (und jede andere Anleitung für Pullover mit nahtloser Passe) einfach und ohne ständiges Nachlesen in der Anleitung stricken. Hier und auf S. 32–36 erkläre ich, wie die Vorlage im Einzelnen auszufüllen ist. Wenn Sie das einmal gemacht haben, brauchen Sie diese Anleitung wahrscheinlich nicht mehr.

Grundlegendes

Jede Spalte der Vorlage steht für einen Abschnitt der Strickarbeit, angeordnet von rechts nach links, wie Sie die Passe auf der Vorderseite stricken würden: linkes Vorderteil, linker Ärmel, Rücken, rechter Ärmel, rechtes Vorderteil.

Jede Spalte wird durch eine farbige, senkrechte Linie von der nächsten getrennt, die einem farbigen Markierer in Ihrer Arbeit entspricht. Sie sehen also auf einen Blick, wo im Muster Sie sich gerade befinden.

Füllen Sie die Vorlage senkrecht Spalte für Spalte aus. Um nach der Vorlage zu stricken, lesen Sie sie waagerecht Reihe für Reihe. Beim Flachstricken entsprechen die ungeraden Reihen den Hinreihen und werden von rechts nach links gelesen. Die geraden Reihen sind die Rückreihen und werden von links nach rechts gelesen. Beim Rundstricken lesen Sie auch die geraden Reihen von rechts nach links.

Markierer

GELB	VIOLETT	BLAU	ORANGE	GRÜN
Halsausschnittrand rechtes Vorderteil	Trennt rechten Ärmel von rechtem Vorderteil	Trennt Rückenteil von rechtem Ärmel	Trennt linken Ärmel von Rückenteil	Trennt linkes Vorderteil von linkem Ärmel

Vorlage Cocoknits-Pullover

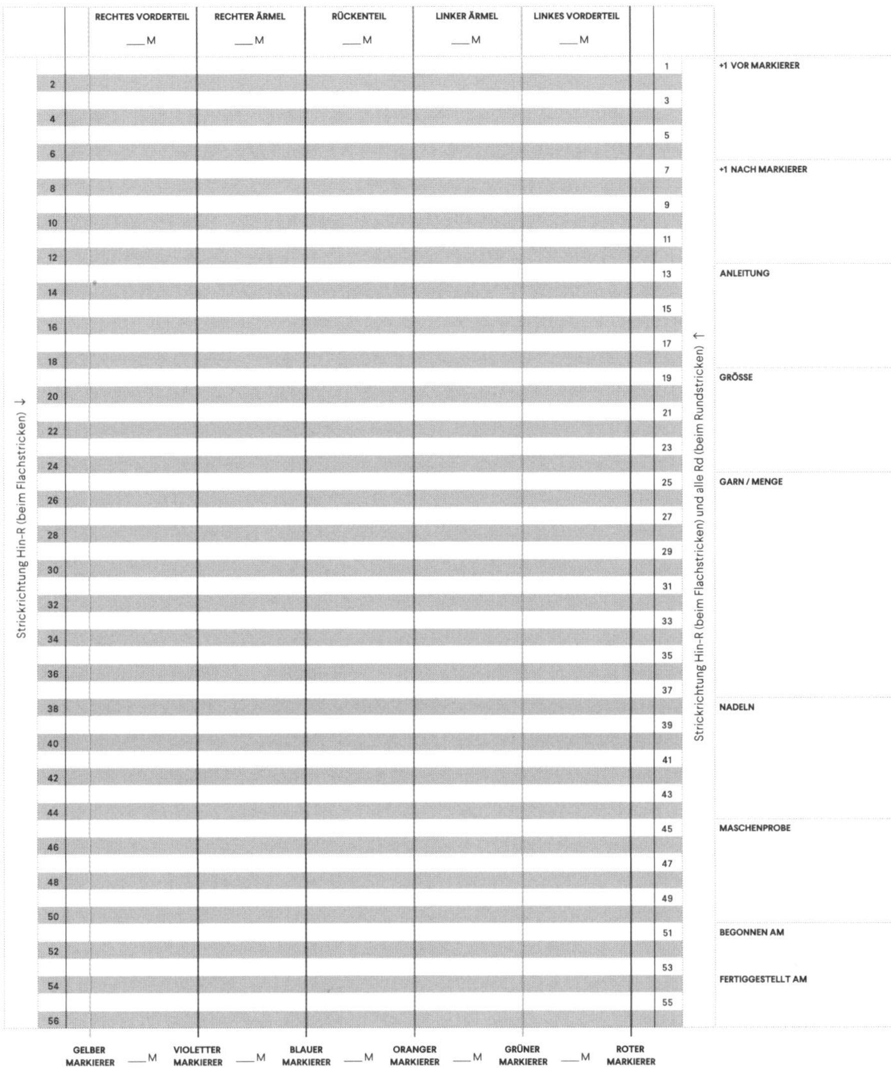

ROT

Halsausschnittrand linkes Vorderteil. Wenn ein Kragen oder eine Einfassung mitgestrickt wird (statt aus aufgenommenen Maschen), trennen der rote und der gelbe Markierer die Halsausschnittmaschen von den Maschen des rechten und linken Vorderteils. Wenn nicht, wird dieser Markierer normalerweise zwei bis drei Maschen neben dem Rand gesetzt, an dem die Zunahmen erfolgen, statt ganz außen am Rand. Dies wird in der Anleitung jeweils angegeben.

Zunahmen

In jeder Anleitung finden Sie Angaben, wie Sie die Zunahmen durchführen, die Sie durch ein Häkchen oder „+1" in der Vorlage markiert haben. Sie können diese Angaben zur besseren Übersicht in diesen Abschnitt übertragen. In den meisten Anleitungen wird so zugenommen:

Bei einem Häkchen oder +1 NACH einem Markierer diesen auf die rechte Nadel schieben, 2 M re, KLL.

Bei einem Häkchen oder +1 VOR einem Markierer bis 2 M vor dem Markierer stricken, KRL, 2 M re, Markierer auf die rechte Nadel schieben.

Eine Anleitung für diese Zunahmen finden Sie auf S. 116–117.

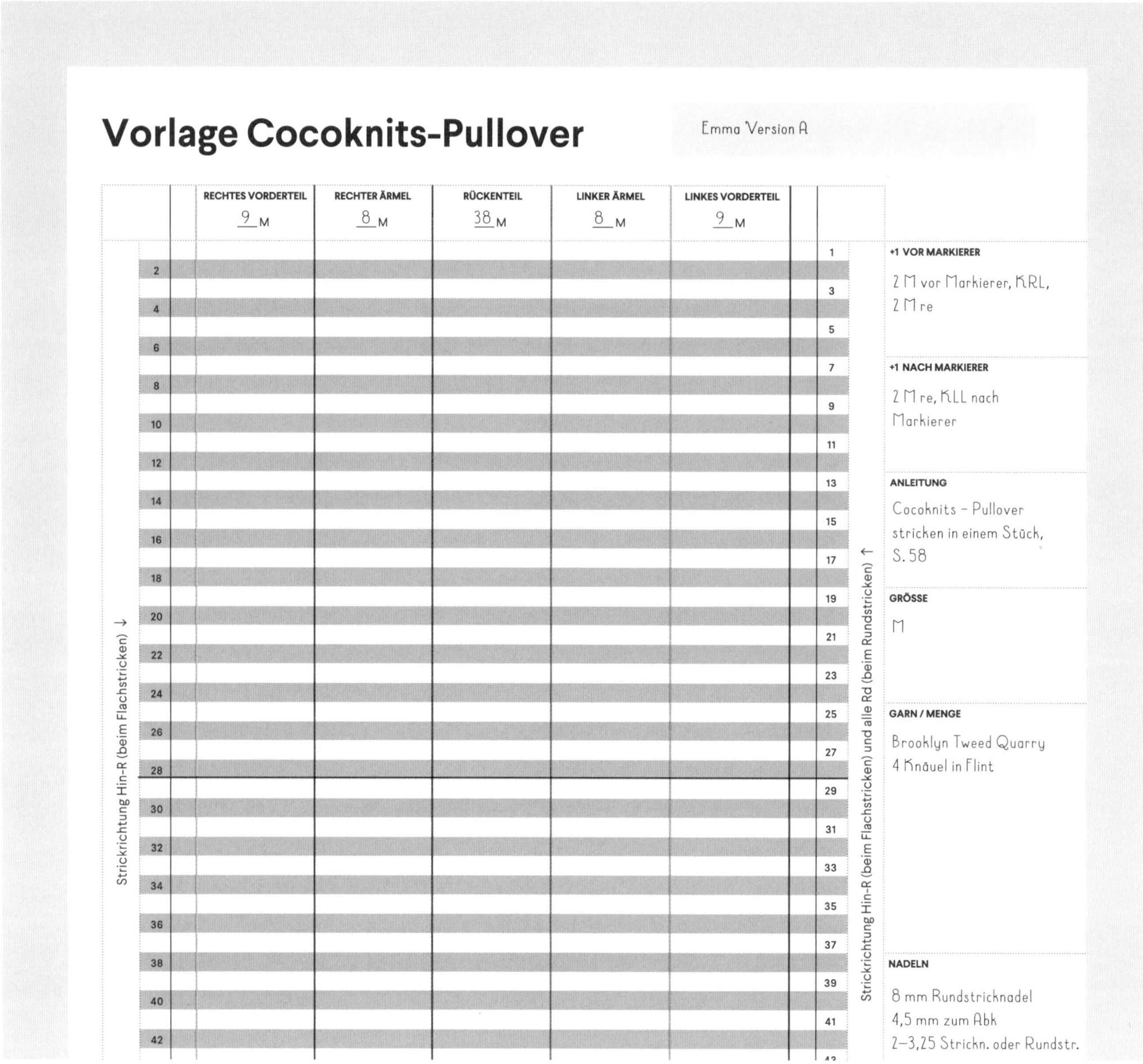

Vorlage Cocoknits-Pullover

Emma Version A

RECHTES VORDERTEIL	RECHTER ÄRMEL	RÜCKENTEIL	LINKER ÄRMEL	LINKES VORDERTEIL
9 M	8 M	38 M	8 M	9 M

Strickrichtung Hin-R (beim Flachstricken) →

2 4 6 8 10 12 14 16 18 20 22 24 26 28 30 32 34 36 38 40 42

1 3 5 7 9 11 13 15 17 19 21 23 25 27 29 31 33 35 37 39 41

Strickrichtung Hin-R (beim Flachstricken) und alle Rd (beim Rundstricken) ←

+1 VOR MARKIERER
2 M vor Markierer, KRL, 2 M re

+1 NACH MARKIERER
2 M re, KLL nach Markierer

ANLEITUNG
Cocoknits – Pullover stricken in einem Stück, S. 58

GRÖSSE
M

GARN / MENGE
Brooklyn Tweed Quarry
4 Knäuel in Flint

NADELN
8 mm Rundstricknadel
4,5 mm zum Abk
2–3,25 Strickn. oder Rundstr.

Schritt 1

Vorlage einrichten

Wenn Sie die Cocoknits-Pullover-Vorlage zum ersten Mal benutzen oder Ihr Gedächtnis auffrischen möchten, lesen Sie den Überblick auf S. 30. Tragen Sie oben die Anfangsmaschenzahl für jeden Abschnitt ein (rechtes Vorderteil, rechter Ärmel, Rückenteil, linker Ärmel und linkes Vorderteil), die in der Anleitung angegeben sind.

Ziehen Sie mit dem Lineal eine Linie unter der letzten Reihe der Passe, wie sie in der Anleitung angegeben ist. In diesem Beispiel geht die Passe laut Anleitung über 28 Reihen, also habe ich eine Linie unter Reihe 28 gezogen.

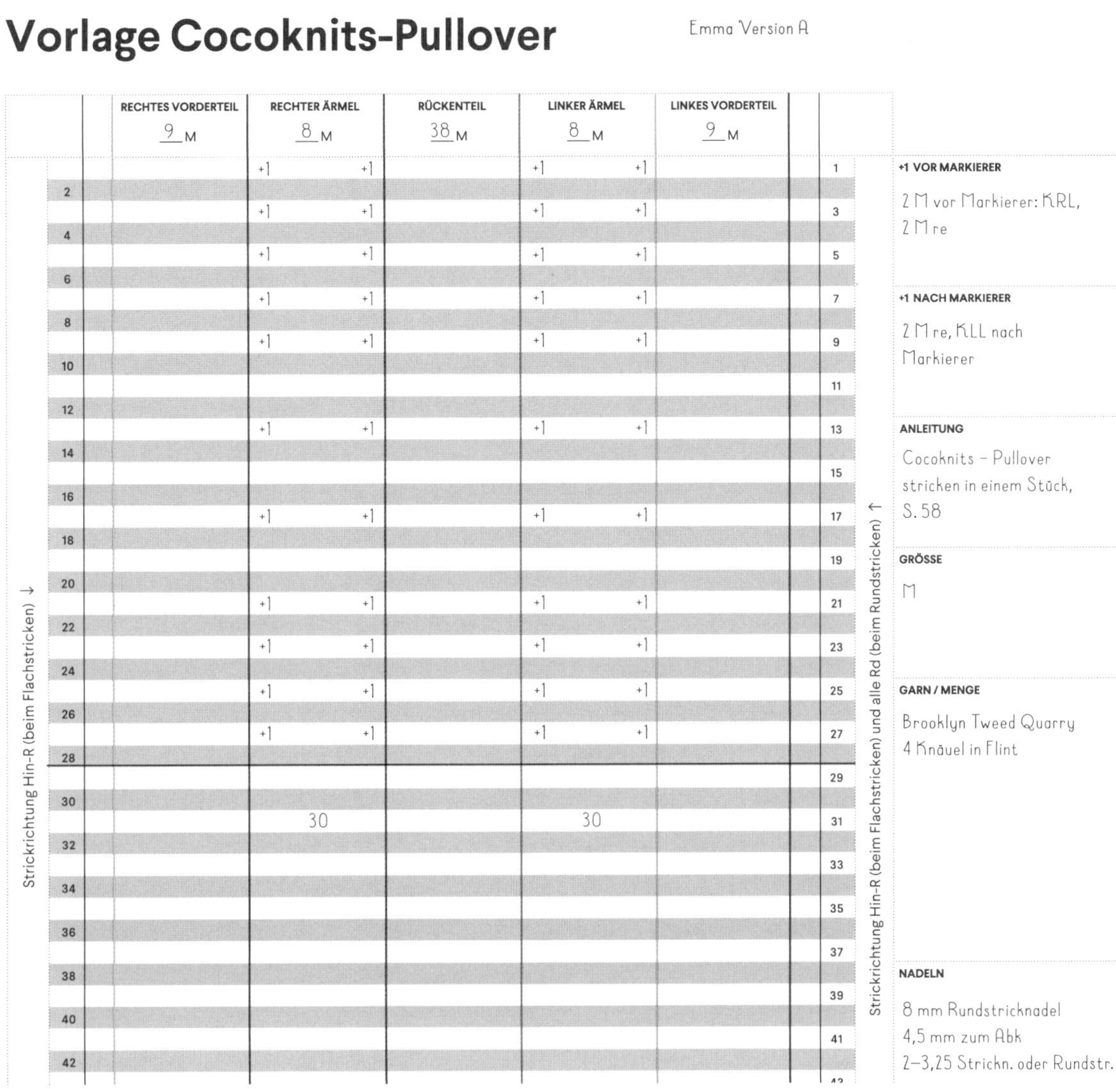

Vorlage Cocoknits-Pullover

Emma Version A

R	RECHTES VORDERTEIL 9 M	RECHTER ÄRMEL 8 M	RÜCKENTEIL 38 M	LINKER ÄRMEL 8 M	LINKES VORDERTEIL 9 M
1		+1 +1		+1 +1	
2					
3		+1 +1		+1 +1	
4					
5		+1 +1		+1 +1	
6					
7		+1 +1		+1 +1	
8					
9		+1 +1		+1 +1	
10					
11					
12					
13		+1 +1		+1 +1	
14					
15					
16					
17		+1 +1		+1 +1	
18					
19					
20					
21		+1 +1		+1 +1	
22					
23		+1 +1		+1 +1	
24					
25		+1 +1		+1 +1	
26					
27		+1 +1		+1 +1	
28					
29					
30					
31		30		30	
32					
33					
34					
35					
36					
37					
38					
39					
40					
41					
42					

Strickrichtung Hin-R (beim Flachstricken) →

Strickrichtung Hin-R (beim Flachstricken) und alle Rd (beim Rundstricken) ←

+1 VOR MARKIERER
2 M vor Markierer: KRL, 2 M re

+1 NACH MARKIERER
2 M re, KLL nach Markierer

ANLEITUNG
Cocoknits – Pullover stricken in einem Stück, S. 58

GRÖSSE
M

GARN / MENGE
Brooklyn Tweed Quarry
4 Knäuel in Flint

NADELN
8 mm Rundstricknadel
4,5 mm zum Abk
2–3,25 Strickn. oder Rundstr.

Schritt 2

Ärmelzunahmen eintragen

Füllen Sie jeden Abschnitt separat aus, wie in der Vorlage aufgeführt. Zunahmen kennzeichne ich mit „+1“, aber Sie können auch Häkchen setzen oder was Ihnen sonst sinnvoll erscheint.

Die Ärmelzunahmen erfolgen zwischen dem grünen und dem orangen sowie zwischen dem blauen und dem violetten Markierer. Tragen Sie dort so oft ein +1 oder ein Häkchen ein, wie es in der Anleitung vorgegeben ist.

Wenn in der Anleitung beispielsweise steht: „An beiden Ärmelrändern 5× in jeder Hin-R, 3× in jeder 4. R und 3× in jeder Hin-R 1 M zunehmen“, füllen Sie den Ärmelabschnitt in der Vorlage so aus, wie hier zu sehen ist.

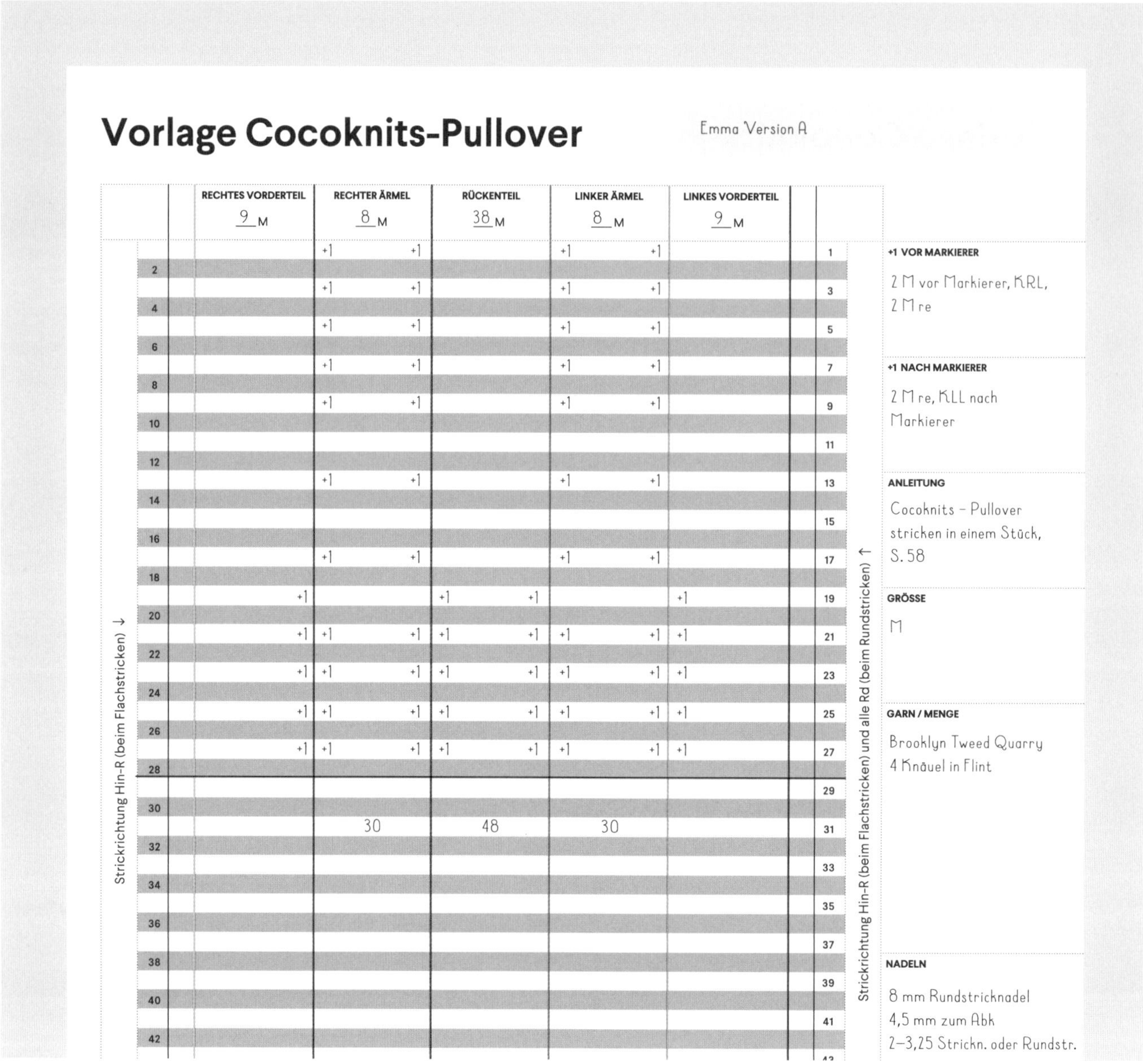

Vorlage Cocoknits-Pullover

Emma Version A

R	RECHTES VORDERTEIL 9 M	RECHTER ÄRMEL 8 M	RÜCKENTEIL 38 M	LINKER ÄRMEL 8 M	LINKES VORDERTEIL 9 M
1		+1 +1		+1 +1	
2					
3		+1 +1		+1 +1	
4					
5		+1 +1		+1 +1	
6					
7		+1 +1		+1 +1	
8					
9		+1 +1		+1 +1	
10					
11					
12					
13		+1 +1		+1 +1	
14					
15					
16					
17		+1 +1		+1 +1	
18					
19	+1		+1 +1		+1
20					
21	+1	+1 +1	+1 +1	+1 +1	+1
22					
23	+1	+1 +1	+1 +1	+1 +1	+1
24					
25	+1	+1 +1	+1 +1	+1 +1	+1
26					
27	+1	+1 +1	+1 +1	+1 +1	+1
28					
29					
30					
31		30	48	30	
32					
33					
34					
35					
36					
37					
38					
39					
40					
41					
42					

Strickrichtung Hin-R (beim Flachstricken) ↓

Strickrichtung Hin-R (beim Flachstricken) und alle Rd (beim Rundstricken) ↑

+1 VOR MARKIERER
2 M vor Markierer, KRL, 2 M re

+1 NACH MARKIERER
2 M re, KLL nach Markierer

ANLEITUNG
Cocoknits – Pullover stricken in einem Stück, S. 58

GRÖSSE
M

GARN / MENGE
Brooklyn Tweed Quarry
4 Knäuel in Flint

NADELN
8 mm Rundstricknadel
4,5 mm zum Abk
2–3,25 Strickn. oder Rundstr.

Schritt 3

Zunahmen für Armlöcher in Vorder- und Rückenteil eintragen

Diese Zunahmen werden in den Vorderteilen und im Rückenteil an den Rändern der Ärmelöffnung nahe der Unterkante der Passe (in der Achsel) durchgeführt. Sie werden in den Abschnitten Vorder-/Rückenteil neben den senkrechten Trennlinien zwischen Ärmeln und Rumpf eingetragen, wo auch die Zunahmen im Strickstück erfolgen. Im Rückenteil werden die Zunahmen zwischen dem orangefarbenen und dem blauen Markierer notiert, im linken Vorderteil vor dem grünen Markierer und im rechten Vorderteil nach dem violetten Markierer.

Die hier abgebildete Vorlage habe ich nach dieser Anleitung ausgefüllt: „In den letzten 10 R der Passe in Rücken- und Vorderteilen an der Ärmelöffnung 5× in jeder Hin-R 1 M zun. Dazu von der Unterkante der Passe 10 R bzw. 5 Hin-R abzählen und die Zunahmen ab dort eintragen.“

Vorlage Cocoknits-Pullover

Emma Version A

Reihe	RECHTES VORDERTEIL 9 M	RECHTER ÄRMEL 8 M	RÜCKENTEIL 38 M	LINKER ÄRMEL 8 M	LINKES VORDERTEIL 9 M	Reihe
	+1	+1 +1		+1 +1	+1	1
2						
		+1 +1		+1 +1		3
4						
	+1	+1 +1		+1 +1	+1	5
6						
		+1 +1		+1 +1		7
8						
	+1	+1 +1		+1 +1	+1	9
10						
						11
12						
	+1	+1 +1		+1 +1	+1	13
14						
						15
16						
	+1	+1 +1		+1 +1	+1	17
18						
	+1 +1		+1 +1		+1 +1	19
20						
	+1 +1	+1 +1	+1 +1	+1 +1	+1 +1	21
22						
	+1 +1	+1 +1	+1 +1	+1 +1	+1 +1	23
24						
	+1 +1	+1 +1	+1 +1	+1 +1	+1 +1	25
26						
	+1 +1	+1 +1	+1 +1	+1 +1	+1 +1	27
28						
						29
30						
	24	30	48	30	24	31
32						
						33
34						
						35
36						
						37
38						
						39
40						
						41
42						

Strickrichtung Hin-R (beim Flachstricken) →

Strickrichtung Hin-R (beim Flachstricken) und alle Rd (beim Rundstricken) ←

+1 VOR MARKIERER
2 M vor Markierer, KRL, 2 M re

+1 NACH MARKIERER
2 M re, KLL nach Markierer

ANLEITUNG
Cocoknits – Pullover stricken in einem Stück, S. 58

GRÖSSE
M

GARN / MENGE
Brooklyn Tweed Quarry
4 Knäuel in Flint

NADELN
8 mm Rundstricknadel
4,5 mm zum Abk
2–3,25 Strickn. oder Rundstr.

Schritt 4

Zunahmen am Halsausschnitt eintragen

Die Zunahmen für den Halsausschnitt werden direkt nach dem roten Markierer sowie direkt vor dem gelben Markierer durchgeführt.

Die hier abgebildete Vorlage habe ich nach dieser Anleitung ausgefüllt: „An den Rändern des Halsausschnitts (am Anfang und Ende der R, direkt nach dem roten und vor dem gelben Markierer) 4× in jeder 4. Hin-R, dann 6× in jeder Hin-R 1 M zun.“

RUNDE HALSAUSSCHNITTE

Bei einem Halsausschnitt mit Rundung, etwa einem Rundhalsausschnitt, müssen Sie einige weitere Details in die Vorlage eintragen: Zunahmen in den Rückreihen, Maschenanschlag für den vorderen Ausschnitt und verkürzte Reihen. Dies wird in der entsprechenden Anleitung erklärt.

Schritt 5

Maschenzahl überprüfen

Ich arbeite unter anderem auch deshalb so gern mit der Vorlage, weil sich damit die Maschenzahl zwischendurch immer wieder überprüfen lässt. Addieren Sie in jedem Abschnitt einfach die Zunahmen zur Ausgangsmaschenzahl und überprüfen Sie, ob Sie so die Zielmaschenzahl erreichen. Wenn alles stimmt, können Sie mit dem Stricken loslegen.

Falls Sie die Arbeit unterbrechen (selbst wenn sie jahrelang liegen bleibt) und nicht mehr wissen, in welcher Reihe Sie sich befinden, wenn Sie sie wieder zur Hand nehmen, zählen Sie einfach die Maschen zwischen den Ärmelmarkierern (zwischen Grün und Orange und zwischen Blau und Violett). Ziehen Sie die Anfangsmaschenzahl von der aktuellen Maschenzahl ab und schon wissen Sie, in welcher Reihe Sie gerade sind.

Schritt 6

Rumpf und Ärmel fertigstellen

Nach der letzten Reihe der Passe können Sie die Vorlage weglegen. In der nächsten Hinreihe stricken Sie nach der Anleitung über das linke Vorderteil, legen die Ärmelmaschen still (hier habe ich ein Lederband verwendet), schlagen die angegebene Maschenanzahl für die Achsel an, stricken über das Rückenteil und gehen auf der anderen Seite mit den Ärmelmaschen und der Achsel genauso vor. Zum Schluss stricken Sie über das rechte Vorderteil.

Stellen Sie nun nach der Anleitung erst den Rumpf, dann die Ärmel fertig. Da Sie von oben nach unten stricken, können Sie den Pullover zwischendurch anprobieren und die endgültige Länge von Rumpf und Ärmeln problemlos so anpassen, dass der Pullover perfekt sitzt.

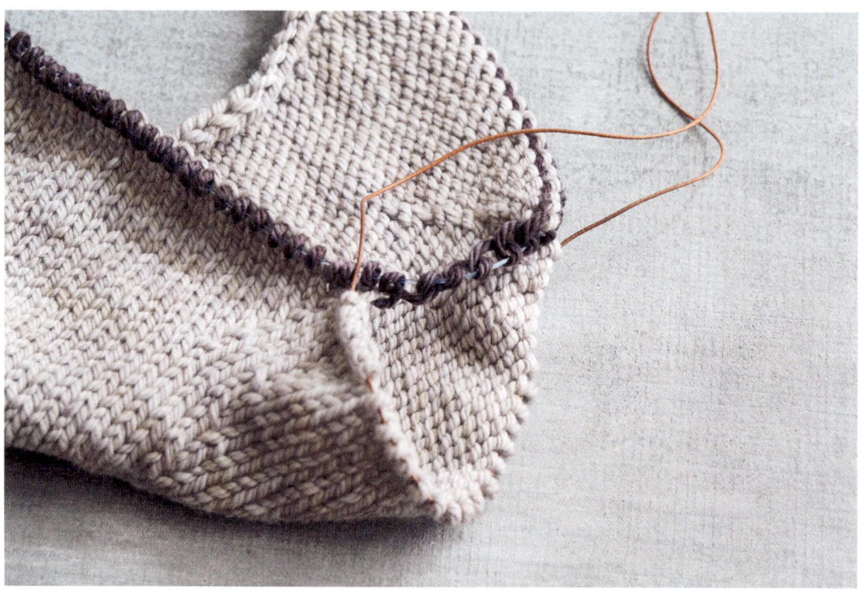

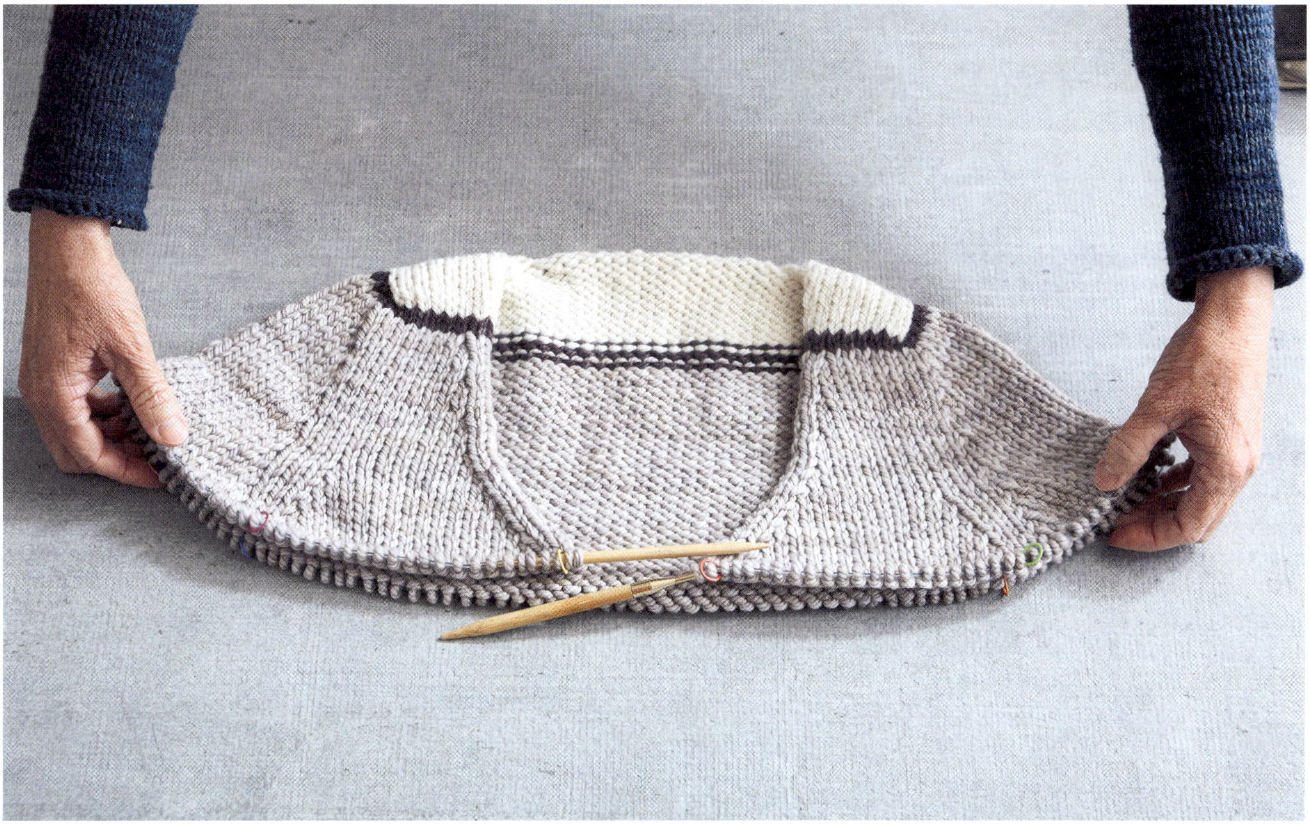

Das ist dieselbe Passe wie auf S. 17. Dort sehen Sie, wie sie beim Stricken aussieht, hier habe ich sie umgedreht, sodass Sie besser erkennen können, wie sie später am Körper liegt.

2. Passform und Stil

In den vielen Jahren, in denen ich Strickmodelle entwerfe, habe ich Frauen aller Formen, Größen und Altersstufen geholfen, die Pullover auszusuchen, die ihnen am besten stehen und in denen sie sich am wohlsten fühlen. Jeder hat zwar seinen eigenen Geschmack, aber das Vorteilhafteste zu wählen ist gar nicht so kompliziert, wenn wir uns auf die Linien konzentrieren, die verschiedene Stile und Farben auf unseren Körpern entstehen lassen. Zum einen sind das die offensichtlichen Linien wie Streifen und Säume, zum anderen aber auch verstecktere wie Halsausschnitte, Nahtlinien und Strukturlinien. Da handgestrickte Kleidungsstücke stärker auftragen als viele andere Stoffe, ist es besonders wichtig, hier auf die richtige Linienführung zu achten.

Im Wesentlichen wollen wir mithilfe von Linienführung und Farben die Illusion einer Sanduhrform erzeugen – nicht etwa, um in unseren Pullovern wie Pin-up-Girls der 1940er-Jahre auszusehen, sondern um ein Gleichgewicht zwischen Ober- und Unterkörper herzustellen. Wenn die Figur entweder oben oder unten stärker ausgeprägt ist, erkennen wir ein Ungleichgewicht, auch wenn wir es nicht bewusst wahrnehmen. Wenn Sie etwas anprobieren und es Ihnen einfach nicht gefällt, ohne dass Sie sagen könnten, warum – stimmt vielleicht einfach das Gleichgewicht nicht.

Mit Linienführung und Farben können wir durch optische Täuschungen ein Gleichgewicht erzeugen. Auf den folgenden Seiten finden Sie einige einfache Schemata zu den Funktionsweisen sowie einen Spickzettel, was Sie jeweils tragen und vermeiden sollten. Auch wenn das Ganze recht allgemein gehalten ist und mit kritischem Blick und entsprechend Ihrem Körper und Geschmack interpretiert werden sollte, hoffe ich, Ihnen damit einige nützliche Konzepte zur Auswahl Ihrer Strickarbeiten und Kleidungsstücke an die Hand zu geben.

Die Illusion einer Form erzeugen

Diese beiden Rechtecke sind genau gleich groß. Durch die Unterteilung der Fläche mit diagonalen Linien erscheint das rechte Rechteck jedoch etwas schmaler und höher als das linke. Übertragen auf einen Pullover: Tragen Sie eine dunklere Strickjacke über einer helleren Farbe und schließen Sie sie an nur einer Stelle, um ein Gleichgewicht herzustellen.

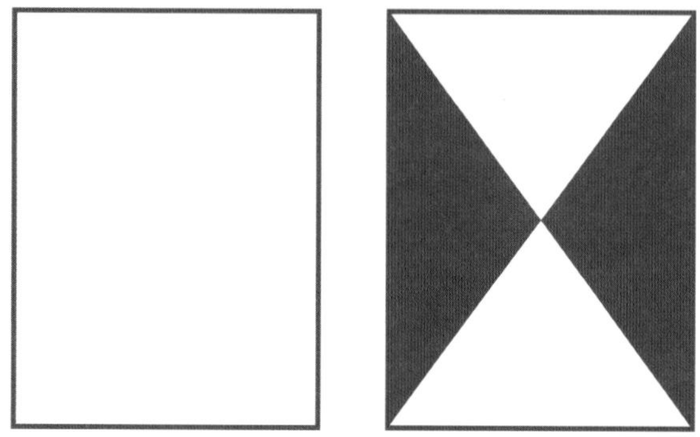

Kräftige senkrechte Linien machen schlank

Auch diese beiden Rechtecke sind gleich groß. Durch die kräftigen, dunklen senkrechten Streifen sieht das rechte aber schmaler und höher aus als das linke. Übertragen auf einen Pullover: Stricken Sie eine lange, dunkle Strickjacke und tragen Sie sie offen über einer helleren Schicht. Die dunklen Außenränder verblassen, und das Auge konzentriert sich auf den kräftigen Streifen in der Mitte Ihres Oberkörpers, sodass Sie größer und schlanker wirken. Besonders vorteilhaft ist das für Menschen mit großer Oberweite oder kräftiger Taille.

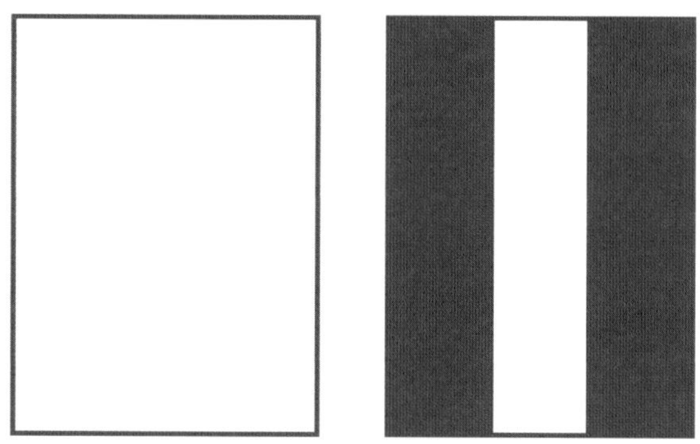

Waagerechte Linien strategisch einsetzen

Eine überraschende und sehr wichtige optische Täuschung: zwei gleich große Rechtecke, links durch eine waagerechte Linie in der Mitte geteilt, rechts im oberen Drittel. Die Form rechts sieht höher und schmaler aus. Diesen Trick wende ich bei jedem Pullover an, den ich entwerfe. Die Taille setzt aus diesem Grund hoch an. Wenn ich mit Farbwechseln oder Streifen arbeite, dann hier. Auch für die Ärmel ist diese Linie wichtig: Wenn sie bis zur Taille gehen, entsteht eine waagerechte Linie an der vorteilhaftesten Stelle. Mehr über Ärmel auf S. 43.

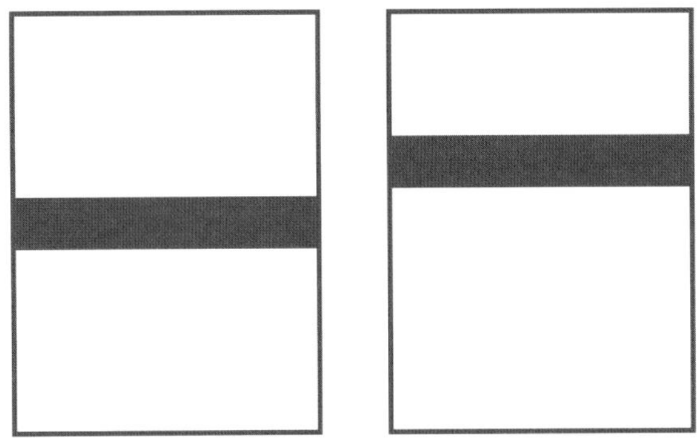

Struktur und Farbverteilung berücksichtigen

Diese gleich großen Rechtecke zeigen, wie Streifen Illusionen schaffen. Waagerechte Linien lassen das Rechteck links breiter und niedriger erscheinen als das rechte. Übertragen auf einen Pullover: Streifen entstehen durch Farbwechsel oder Strukturen. Das linke Rechteck lässt sich durch farbige Streifen, ein Fair-Isle-Muster oder Krausstrick erzeugen. Kurze Pullover mit waagerechten Streifen eignen sich gut für kräftige Hüften, weil die waagerechten Linien am Oberkörper den breiteren Unterkörper ausgleichen. Senkrechte Linien können durch glatt rechts, Rippenmuster oder Zopfmuster entstehen. Bei großer Oberweite und kräftiger Taille lassen senkrechte Streifen den Oberkörper schmaler wirken.

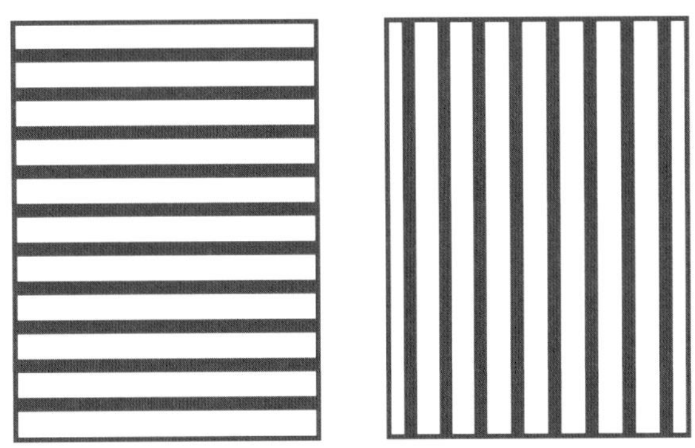

Mit Farben ausgleichen

Die Dreiecke rechts zeigen, wie sich eine große Oberweite mit dem Einsatz von Farben ausgleichen lässt. Helle Farben treten optisch hervor, dunkle zurück. Deshalb erscheint der obere Teil des linken Dreiecks noch größer, als er schon ist, während das rechte Dreieck ausgewogener wirkt. Der dunklere obere Teil tritt optisch zurück und lässt es insgesamt etwas kleiner wirken. Übertragen auf Pullover heißt das: Wer einen fülligen Oberkörper hat, sollte oben eher dunkle Farben tragen und die hellen auf den Unterkörper beschränken.

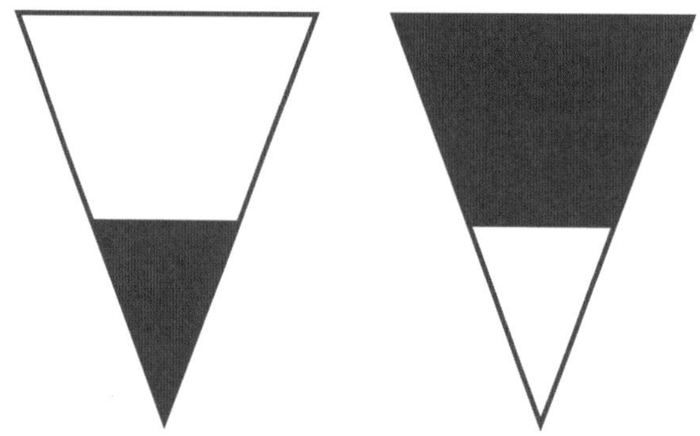

Diese beiden Dreiecke zeigen, wie sich kräftige Hüften mit dem Einsatz von Farben ausgleichen lassen. Der untere Teil des linken Dreiecks wirkt größer als der rechts. Wenn Sie also kräftige Hüften haben, sollten Sie hellere Pullover stricken und die dunklen Farben für Röcke und Hosen aufsparen. Sie können den Blick auch mit farbigen Schals und Tüchern nach oben lenken, die nicht nur durch Farbe, sondern auch durch waagerechte Linien und Volumen für den Oberkörper Ihren kräftigeren Unterkörper ausgleichen.

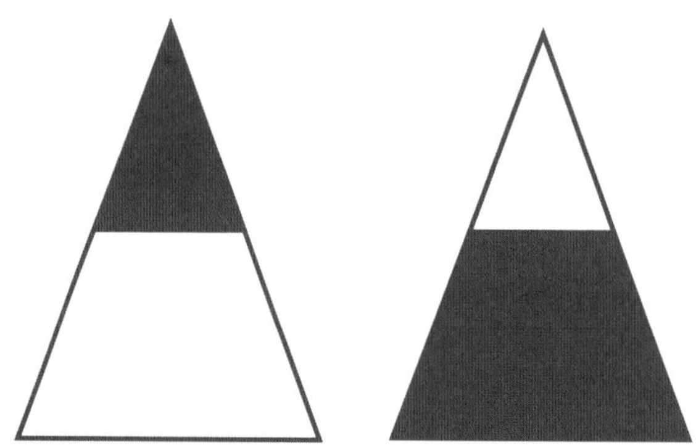

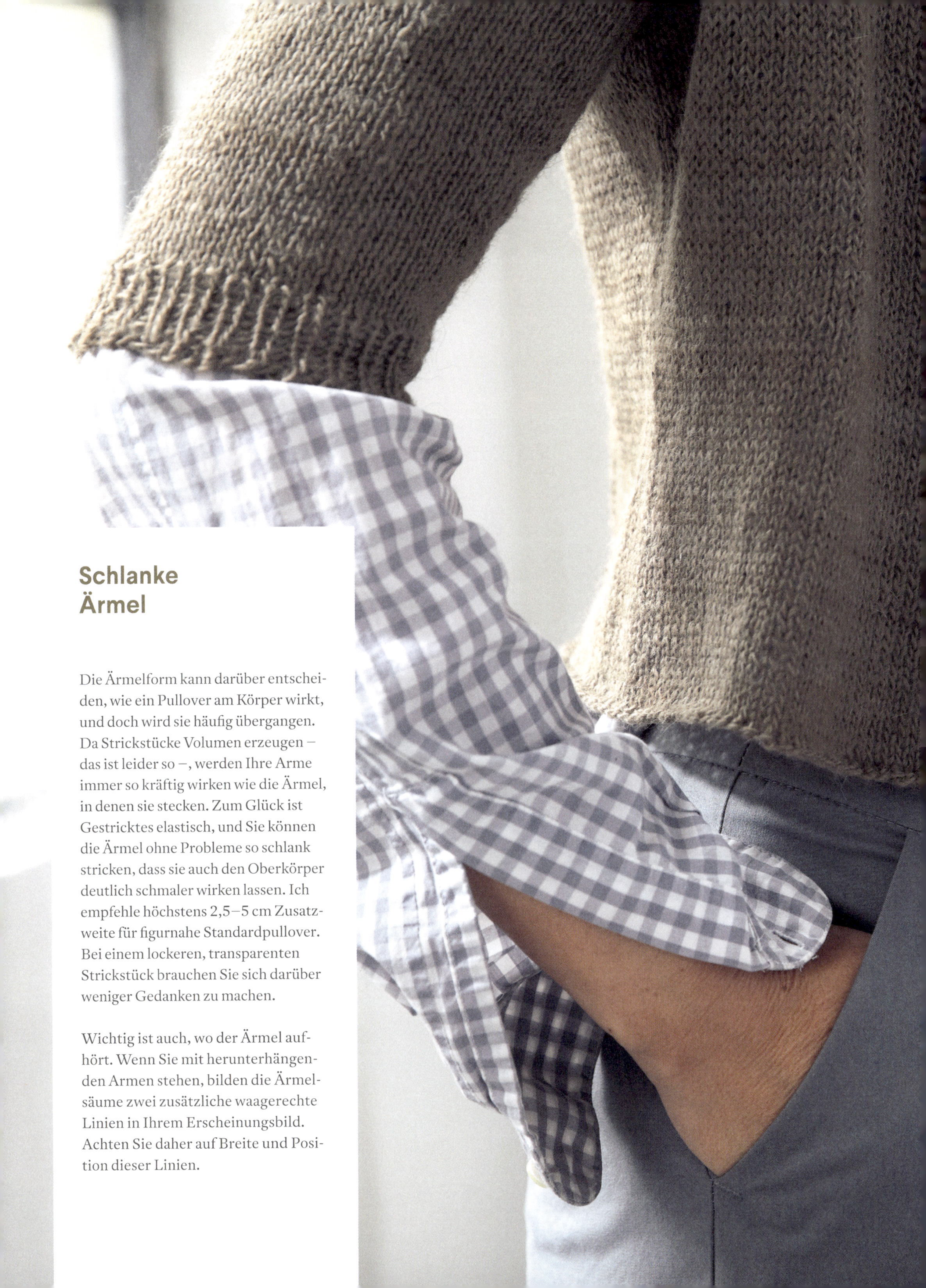

Schlanke Ärmel

Die Ärmelform kann darüber entscheiden, wie ein Pullover am Körper wirkt, und doch wird sie häufig übergangen. Da Strickstücke Volumen erzeugen – das ist leider so –, werden Ihre Arme immer so kräftig wirken wie die Ärmel, in denen sie stecken. Zum Glück ist Gestricktes elastisch, und Sie können die Ärmel ohne Probleme so schlank stricken, dass sie auch den Oberkörper deutlich schmaler wirken lassen. Ich empfehle höchstens 2,5–5 cm Zusatzweite für figurnahe Standardpullover. Bei einem lockeren, transparenten Strickstück brauchen Sie sich darüber weniger Gedanken zu machen.

Wichtig ist auch, wo der Ärmel aufhört. Wenn Sie mit herunterhängenden Armen stehen, bilden die Ärmelsäume zwei zusätzliche waagerechte Linien in Ihrem Erscheinungsbild. Achten Sie daher auf Breite und Position dieser Linien.

Spickzettel für große Oberweiten

Am besten

- Weite, offene Halsausschnitte wie Herz-, V- oder tiefe Rundhalsausschnitte.
- Eingesetzte Ärmel wegen der senkrechten, verlängernden Linie am Einsatz.
- Ärmel mit sehr wenig Mehrweite am Oberarm für weniger Volumen. Falls möglich, nicht mehr als 2,5 cm über Oberarmumfang stricken.
- Strickjacken mit schmalem oder ohne Revers.
- Hoch angesetzte Empiretaille mit körperumspielendem oder ausgestelltem Unterteil.
- Dunkle, kräftige Farben oben.
- Ausgestellte Linien oder Hingucker unter der Hüfte bei schmalen Hüften für mehr Kurven.

Lieber nicht

- Rollkragen, Rundhals-, U-Boot-Ausschnitte, große Aufschläge.
- Formlose und kastige Pullver, zweireihige Jacken, Rippenmuster.
- Pullover aus dicker, voluminöser Wolle. Beim Stricken mit dicken Nadeln kräftiges, aber dünneres Garn verwenden für ein offeneres, weniger voluminöses Gestrick.
- Abfallende Schultern, die wie Pfeile auf Ihre breiteste Stelle zeigen: Ihre Brust!
- Waagerechte Streifen und quer über den Oberkörper verlaufende Muster.

Tragetipps

- Strickjacke direkt unter der Brust über der Taille zuknöpfen, um eine Sanduhrform zu erzeugen.
- Strickjacke offen tragen für kräftige senkrechte Linien.
- Bei schmalen Hüften im Bereich des Handgelenks Hingucker wie Armband oder Clutch einsetzen, um den Blick nach unten zu lenken. Bei schmaler Taille die Ärmel bis zum schmalsten Punkt hochschieben.
- Feinen, langen Schal oder Halskette tragen, um die Illusion von Länge und Größe zu erzeugen.

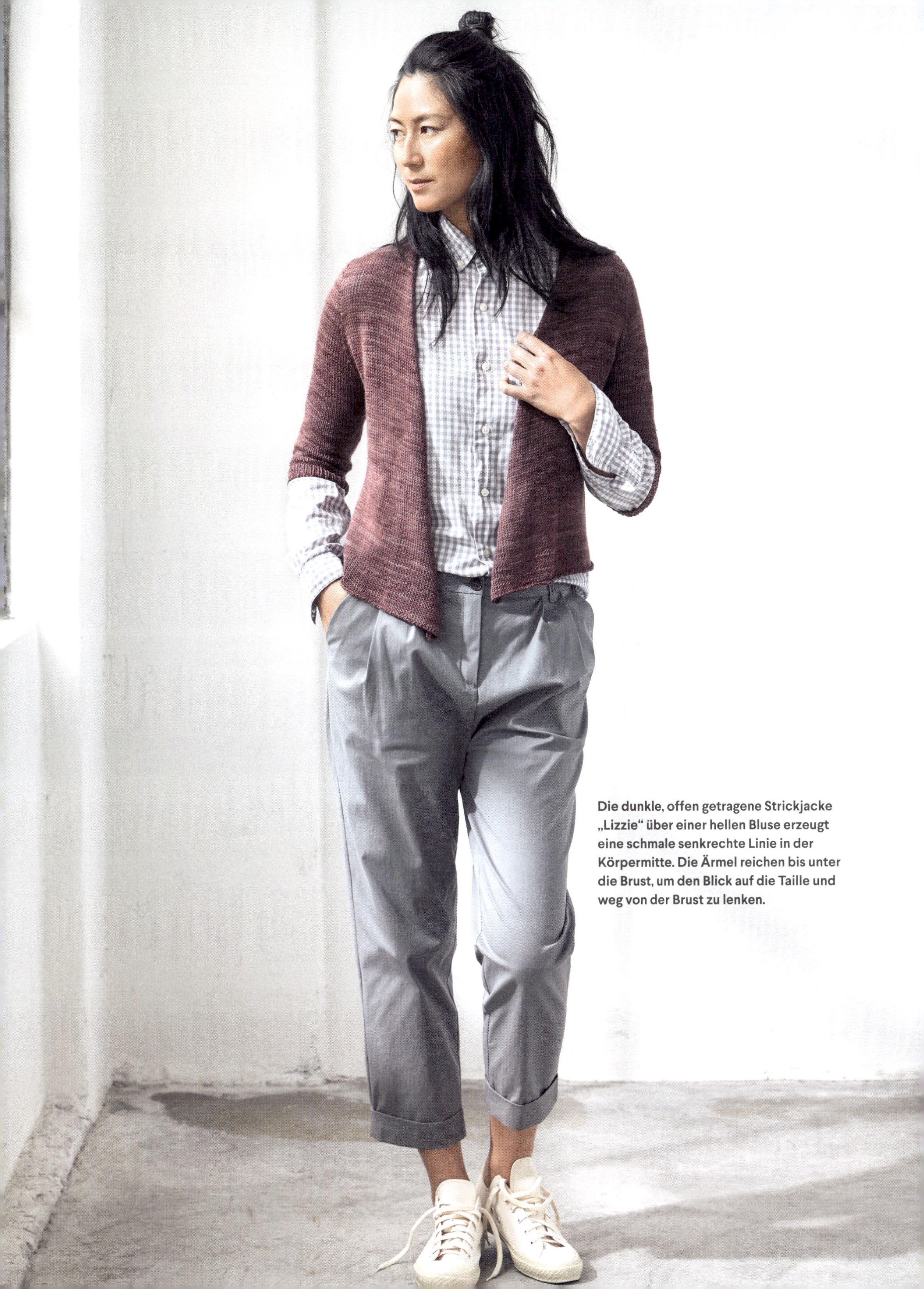

Die dunkle, offen getragene Strickjacke „Lizzie“ über einer hellen Bluse erzeugt eine schmale senkrechte Linie in der Körpermitte. Die Ärmel reichen bis unter die Brust, um den Blick auf die Taille und weg von der Brust zu lenken.

Spickzettel für kräftige Taillen

Am besten

- Weite, offene Halsausschnitte wie Herz-, V- oder tiefe Rundhalsausschnitte.
- Eingesetzte Ärmel wegen der senkrechten, verlängernden Linie am Einsatz.
- Strickjacken mit schmalem oder ohne Revers.
- Hoch angesetzte Empiretaille mit körperumspielendem oder ausgestelltem Unterteil.
- Dunkle, kräftige Farben.
- Lange, oben schmale Ärmel. Gleichen Sie Ihre Figur mit Hinguckern am Bündchenende aus, z. B. mit glockenförmigen Ärmelaufschlägen, Schlitzen oder Ärmeln, die direkt über dem schmalsten Punkt des Handgelenks enden und somit diese und Ihre schmaleren Hüften betonen.
- Kurze Ärmel, die direkt unter der Brust an der Taille enden, also am schmalsten Teil Ihres Oberkörpers, an der wichtigen Zweidrittellinie.
- Pullover mit asymmetrischem Saum, z. B. hängenden Spitzen, die Ihre Figur optisch strecken, oder einem High-low-, gerundeten oder geteilten Saum, der eventuelle waagerechte Linien auflockert.

Lieber nicht

- Rollkragen, Rundhals-, U-Boot-Ausschnitte, große Aufschläge.
- Formlose/kastige Pullver, zweireihige Jacken oder enge, gerippte Oberteile.
- Pullover aus dicker, voluminöser Wolle. Beim Stricken mit dicken Nadeln kräftiges, aber dünneres Garn verwenden für ein offeneres, weniger voluminöses Gestrick.
- Waagerechte Streifen und quer über den Oberkörper verlaufende Muster.

Tragetipps

- Strickjacke direkt unter der Brust über der Taille zuknöpfen, um eine Sanduhrform zu erzeugen.
- Strickjacke offen tragen für kräftige senkrechte Linien.
- Bei schmalen Hüften im Bereich des Handgelenks Hingucker einsetzen, um den Blick nach unten zu lenken.
- Zarten langen Schal tragen, für die Illusion von Länge und Größe .
- Bei mehrschichtigen Outfits darauf achten, dass die Basisschicht an Ihrer schmalsten Stelle endet, z. B. ein T-Shirt an der Hüfte oder eine Tunika oder ein Kleid am schmalsten Teil Ihrer Beine.

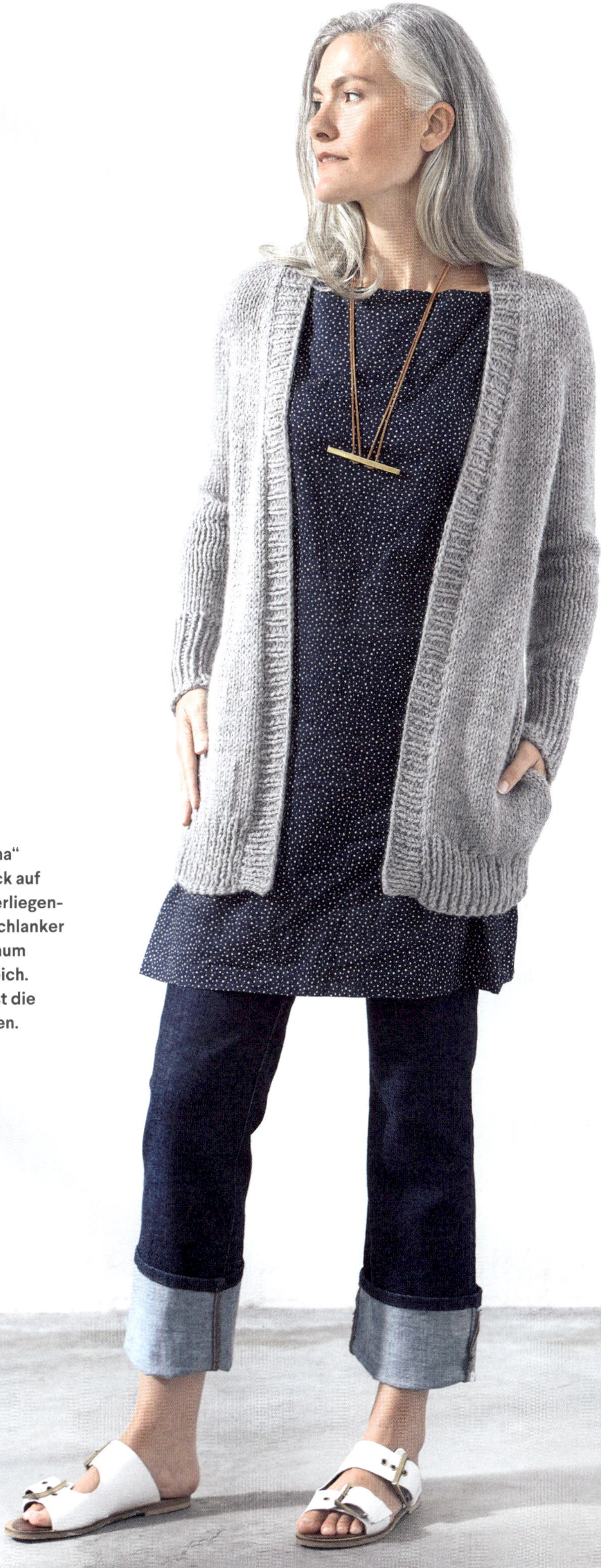

Wird die lange Strickjacke „Emma" offen getragen, lenkt sie den Blick auf die senkrechte Linie der darunterliegenden Schicht und lässt die Figur schlanker wirken. Das Rippenmuster am Saum lenkt den Blick auf den Beinbereich. Die dunkle Schicht darunter lässt die Körpermitte optisch zurücktreten.

Spickzettel für kräftige Hüften

Am besten

- Waagerechte Halsausschnitte, die Ihren Unterkörper ausgleichen, z. B. U-Boot-Ausschnitte, enge Rundhalsausschnitte oder Rollkragen.
- Halsdetails und große Aufschläge, die den Blick nach oben lenken und den Unterkörper ausgleichen.
- Überschnittene Ärmel oder abfallende Schulterlinien für (annähernd) waagerechte Linien am Oberkörper.
- Hellere, leuchtendere Farben, um den Blick nach oben zu lenken.
- Dicke, voluminöse Strickstücke, die Ober- und Unterkörper ausbalancieren.
- Waagerechte Streifen oder Strickmuster über den Oberkörper.
- Strukturierte Strickstücke mit breiteren Schultern und tailliertem Schnitt, die oben auf der Hüfte enden.
- Lange, offene Strickjacken (bis unter Ihre breiteste Stelle) für senkrechte Linien im Hüftbereich.
- Ärmel, die nicht an Ihrem breitesten Punkt enden: kurze Ärmel für eine waagerechte Linie über die Brust oder die schmalste Stelle Ihrer Taille oder lange Ärmel, die mit einem schmalen Bündchen unter der breitesten Stelle Ihrer Hüften enden.
- A-Linien-Tunika, die an der schmalsten Stelle ihrer Beine endet.
- Asymmetrischer Saum, der waagerechte Linien im Hüftbereich auflockert.

Lieber nicht

- Enges Rippenbündchen am Saum eines hüftlangen Pullovers.
- Alles übermäßig Weite und Unförmige.
- Lange, gerade Pullover.
- Lange Ärmel mit ausgestellten Manschetten, die an Ihrer breitesten Stelle enden.
- Alle Pullover, die an Ihrer breitesten Stelle enden! Sie sollten entweder oben auf der Hüfte oder unter Ihrer breitesten Stelle enden.

Tragetipps

- Tragen Sie einen Schal in leuchtenden oder hellen Farben oder ein Bolerojäckchen oder Schultertuch, um die Schultern optisch breiter zu machen.
- Tragen Sie einen kurzen oder bauchfreien Pullover oder eine kurze Weste über einem längeren Unterhemd oder einer längeren Bluse, um den Oberkörper optisch zu verkürzen und Ihre Proportionen auszugleichen. Kontrastfarbige Schichten verkürzen den Oberkörper und lassen die Beine länger wirken.
- Schieben Sie die Ärmel bis zur schmalsten Stelle Ihres Körpers hoch, um Ihre Taille zu betonen und den Blick auf Ihren schlankeren Oberkörper zu lenken.

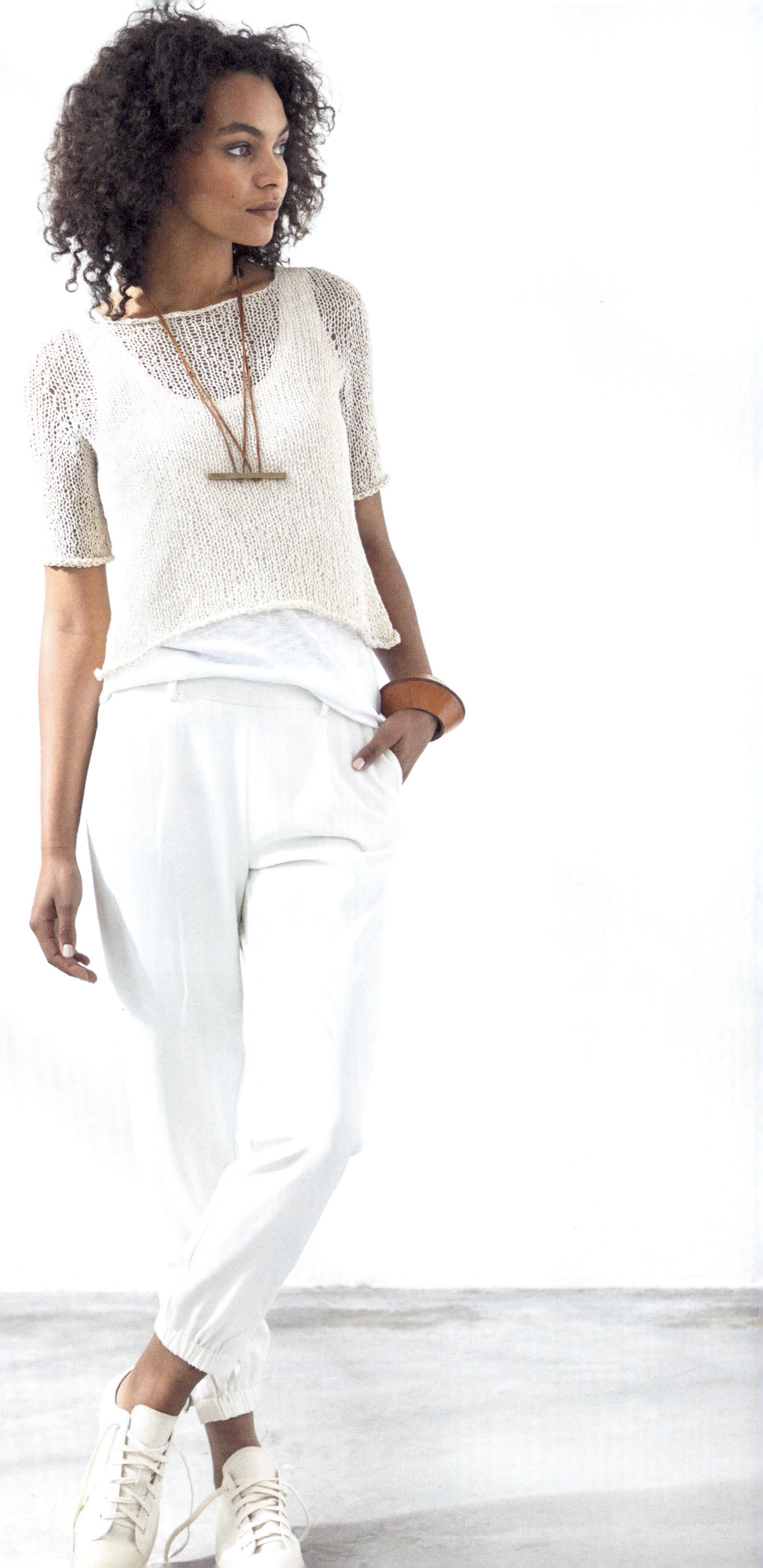

Die waagerechten Linien des U-Boot-Ausschnitts und die kurzen Ärmel des Pullovers „Emma“ gleichen einen breiteren Unterkörper aus. Durch den Schichtenlook wird der Oberkörper optisch geteilt und eine schlanke Taille betont.

3. Cocoknits-Modelle

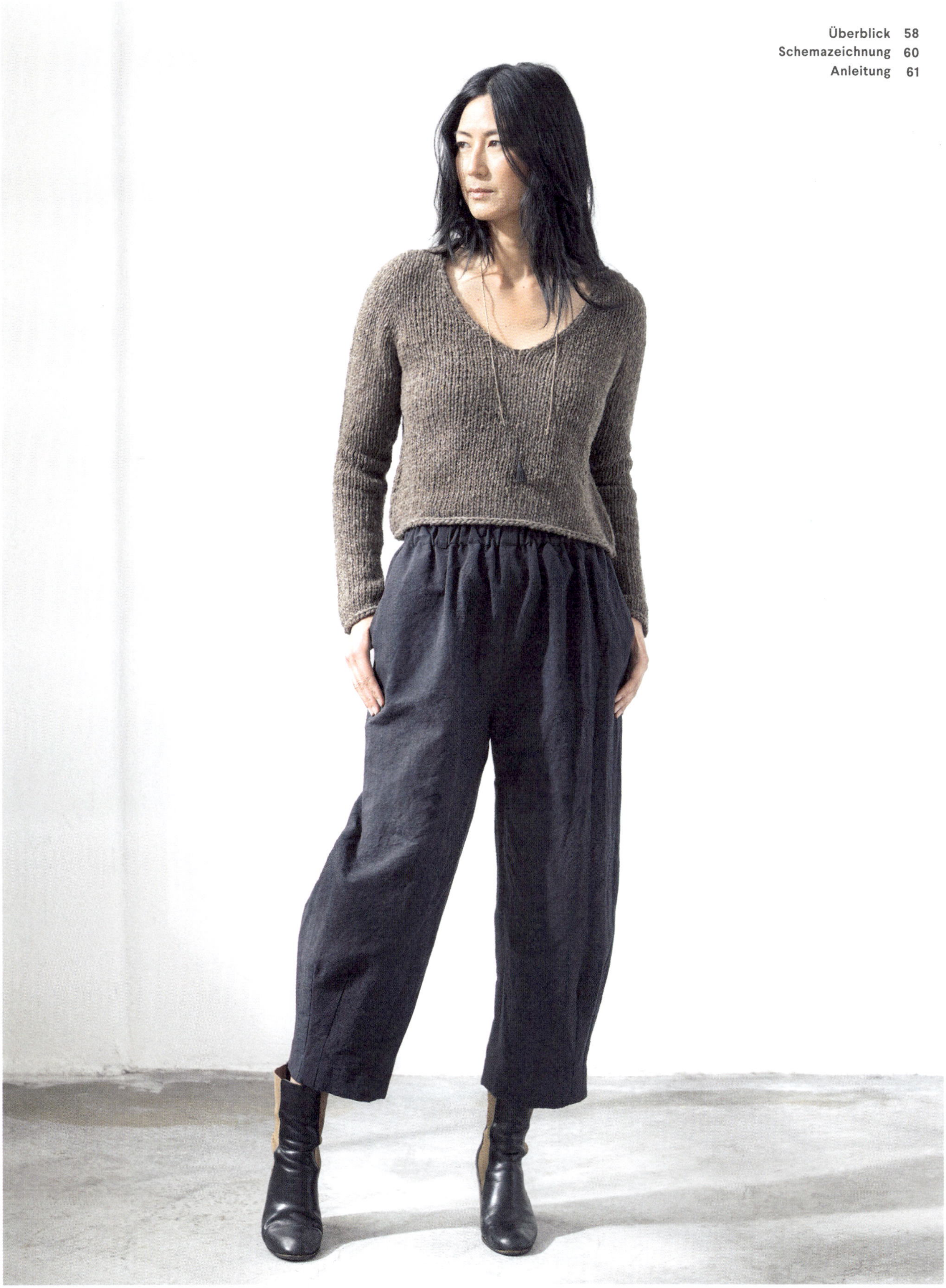

Emma: Version A

Überblick 58
Schemazeichnung 60
Anleitung 61

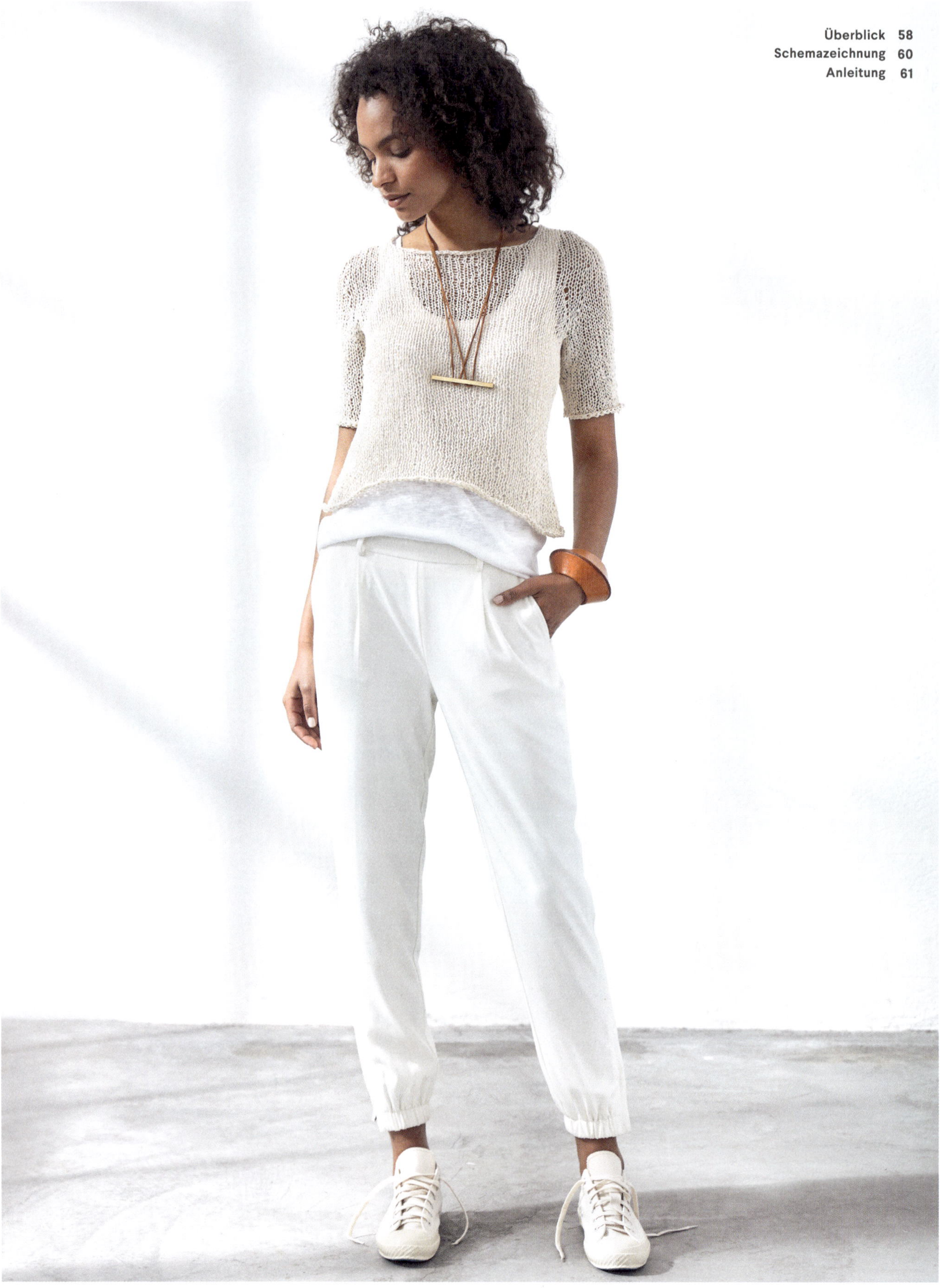

Emma: Version B (kurze Ärmel)

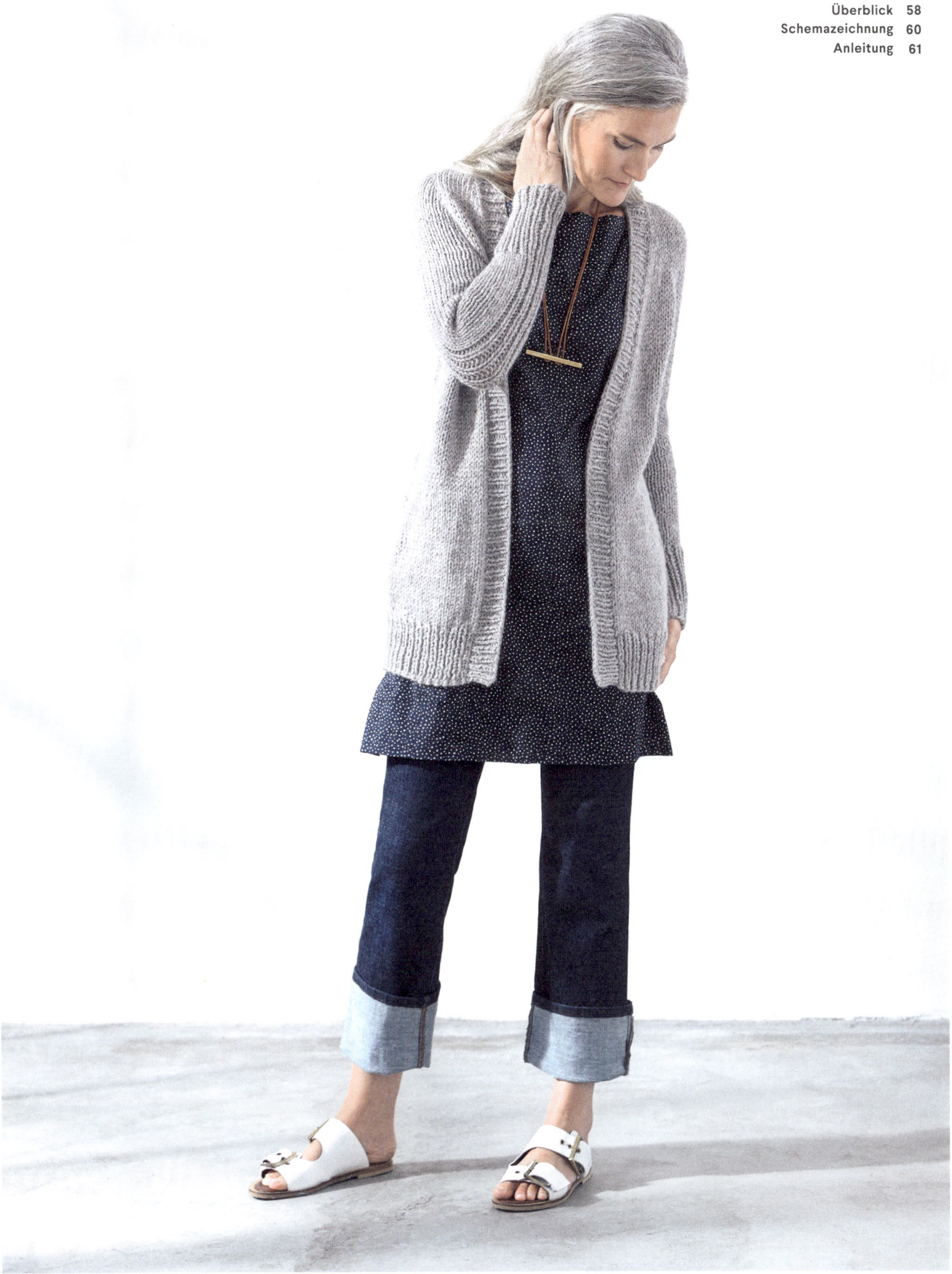

Emma: Version C

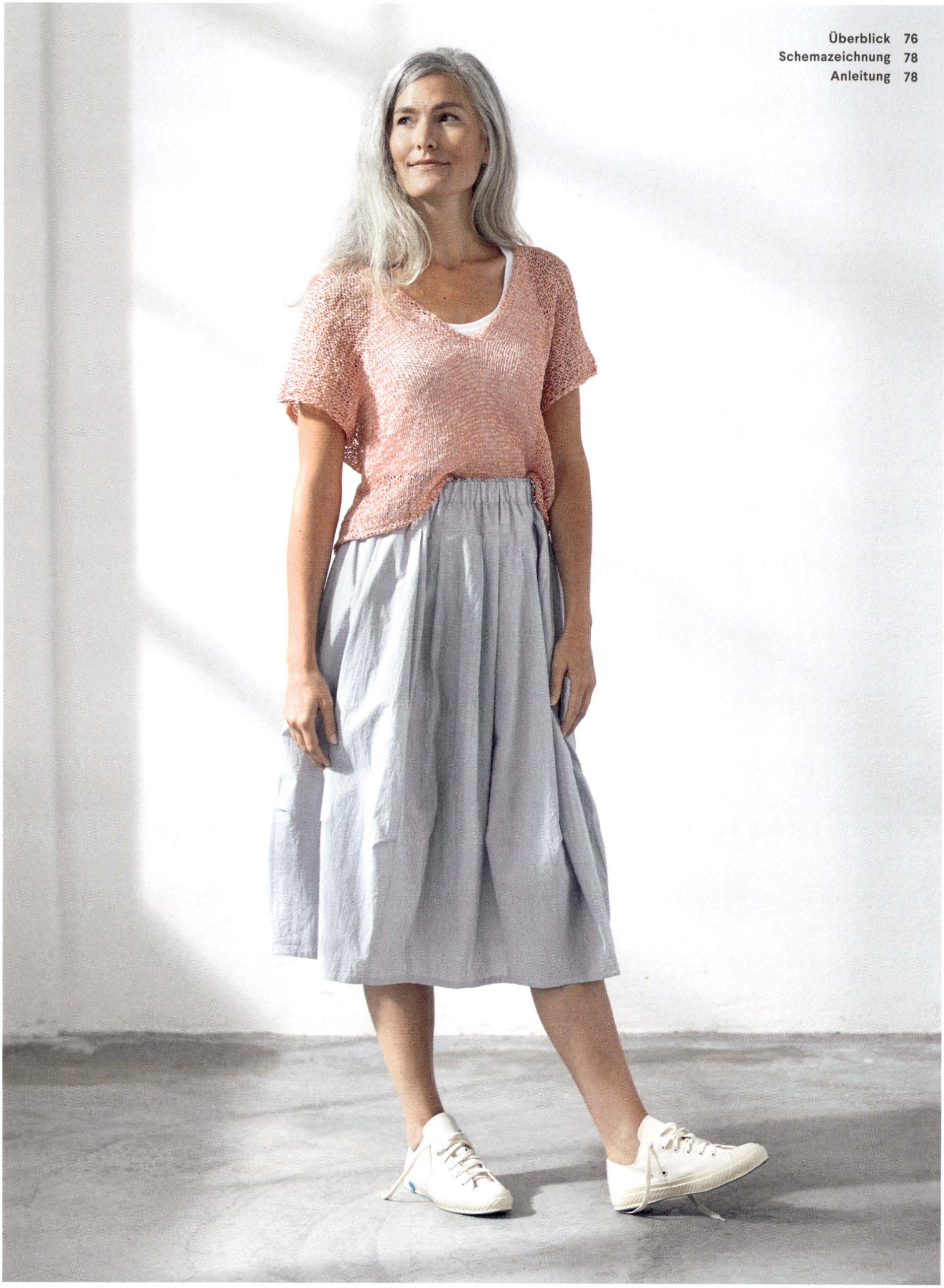

Tilda

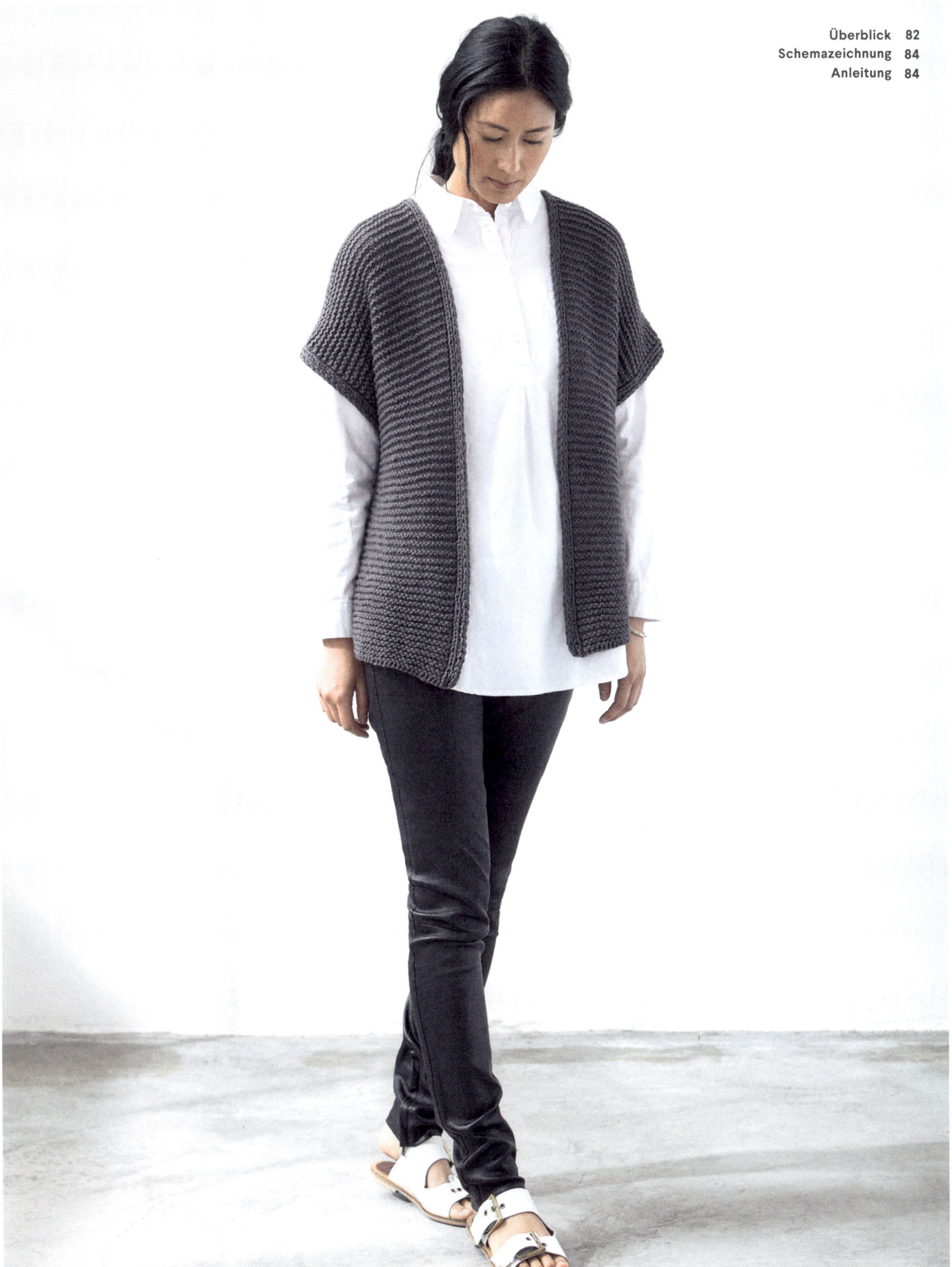

Überblick 82
Schemazeichnung 84
Anleitung 84

Tallulah

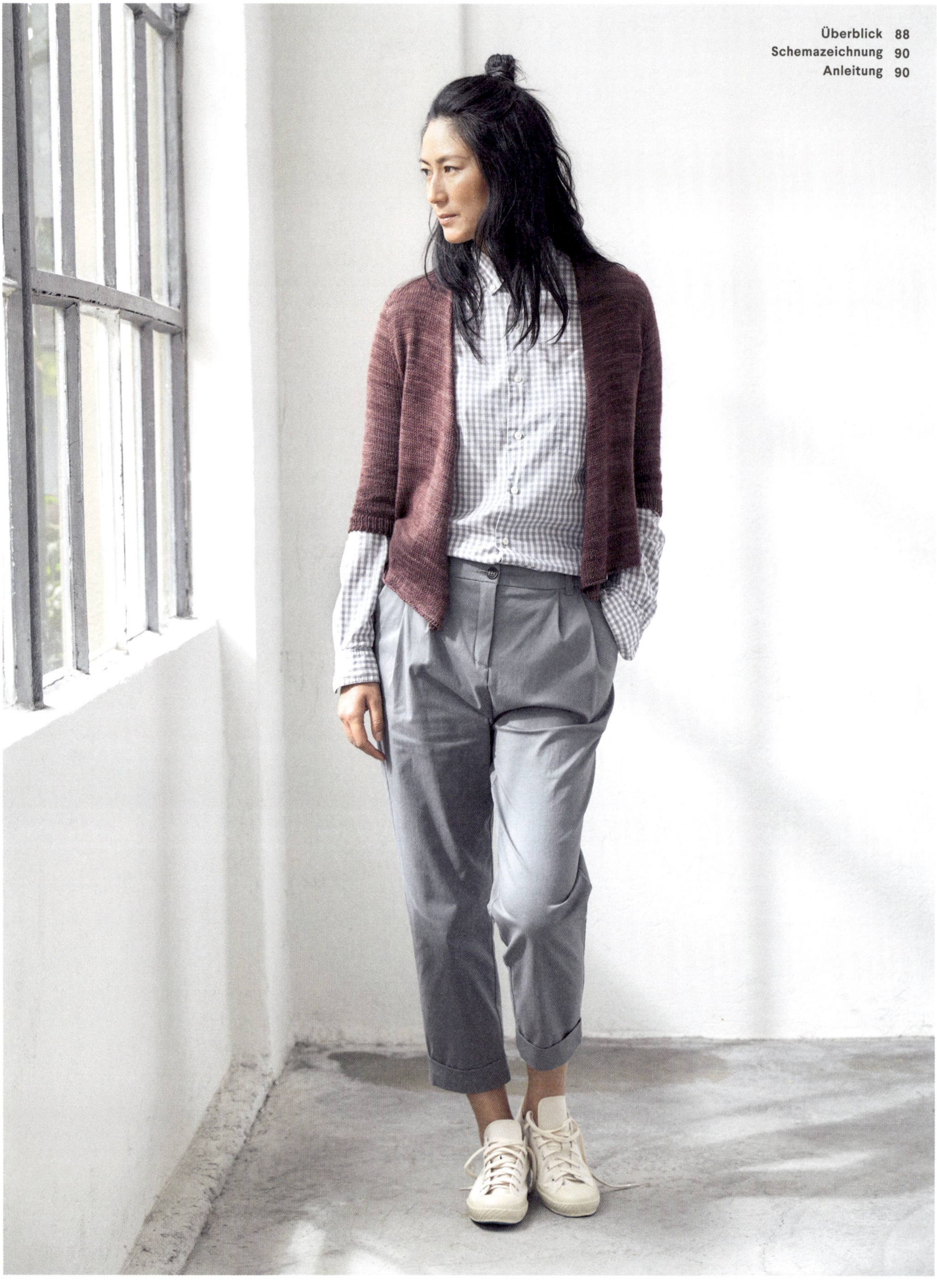

Überblick 88
Schemazeichnung 90
Anleitung 90

Lizzie

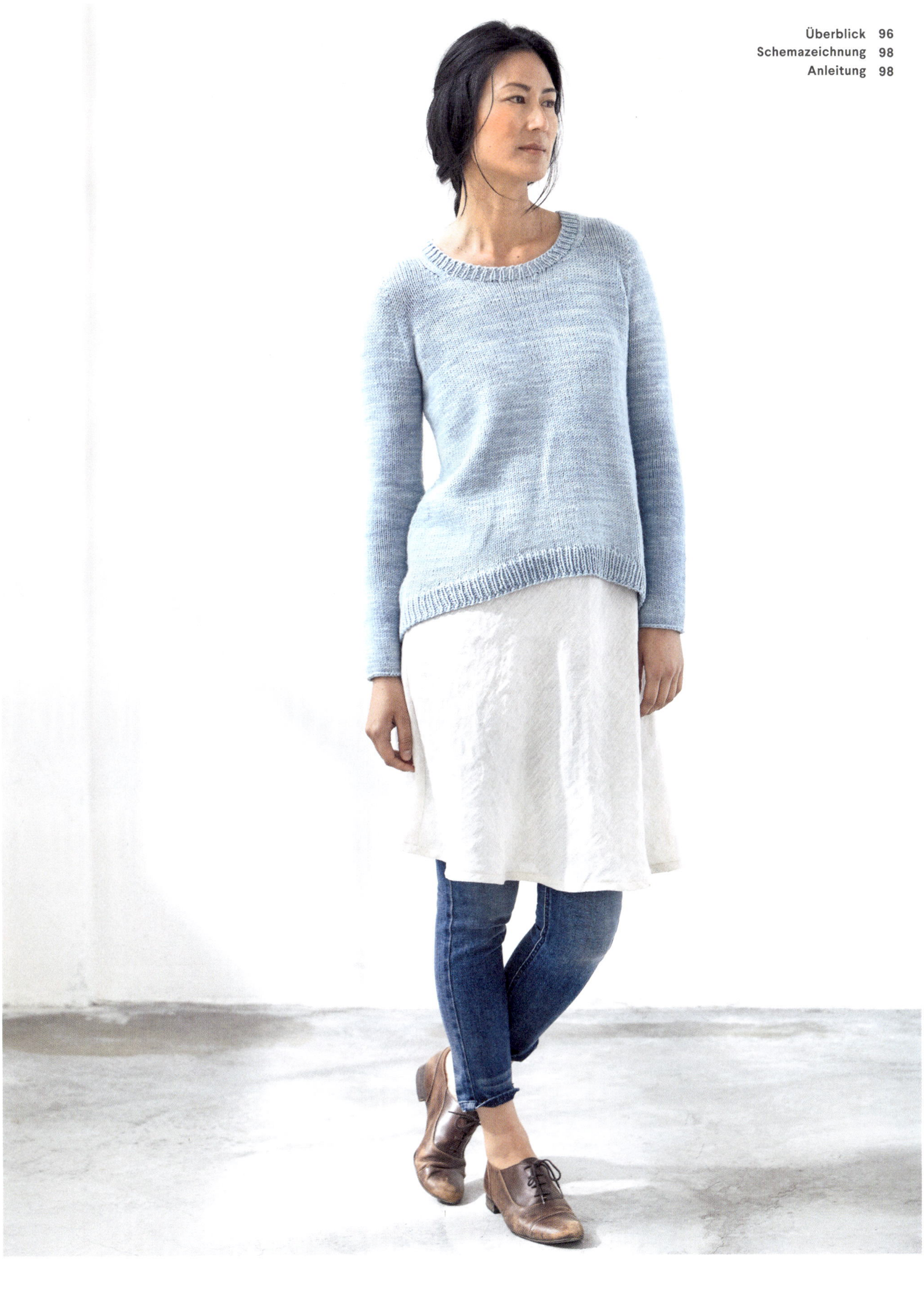

Molly: Version B

Emma

Überblick

Alle drei Versionen von „Emma“ sind schnell gestrickt (12 M = 10 cm). Das Modell eignet sich besonders für Einsteiger, die sich mit der Cocoknits-Methode vertraut machen wollen. Alle Versionen sind tailliert und haben eine vorteilhafte Passform. Version B kann mit langen oder kurzen Ärmeln gestrickt werden.

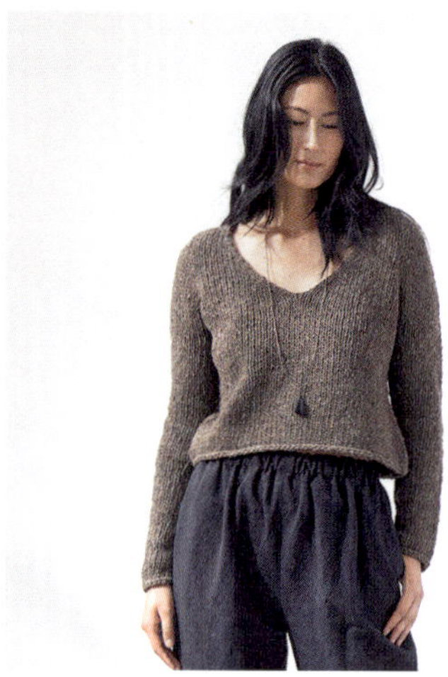

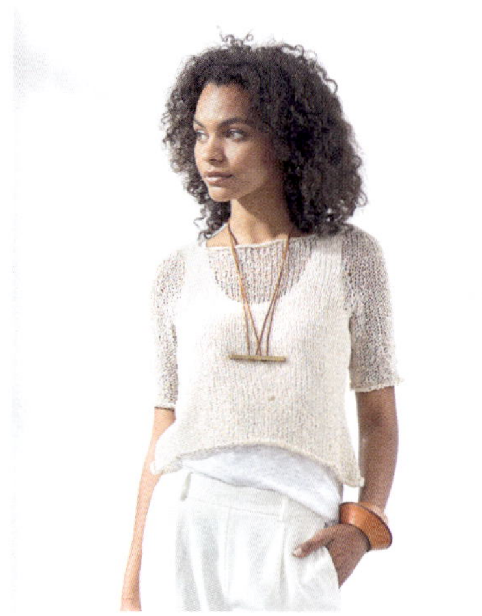

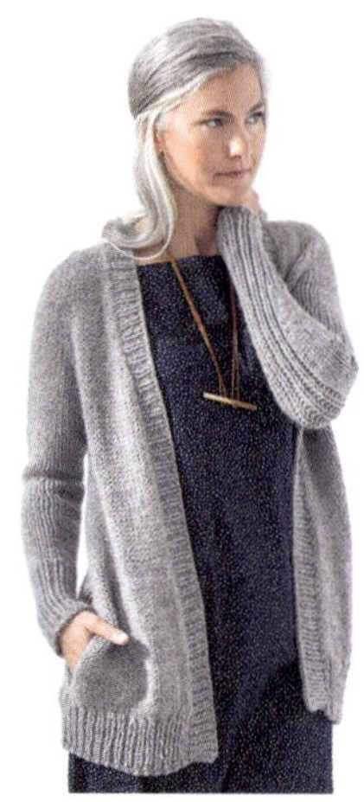

Im Uhrzeigersinn von oben links: Version A, B, C

Größen

S (M, L, XL, 2XL, 3XL)

Fertige Maße

VERSIONEN A & B

Brustumfang: 85 (95, 105, 116, 126, 136) cm
Länge: 45 (48, 52, 54, 55, 56) cm

VERSION C

Brustumfang: 87 (97, 107, 117, 127, 137) cm
Länge: 65 (69, 71, 72, 75, 76) cm

Garn

VERSIONEN A & B

640 (730, 870, 1005, 1145, 1280) m dickes Garn für lange Ärmel

VERSION C

660 (770, 880, 1050, 1140, 1230) m dickes Garn

VERSION A

Brooklyn Tweed „Quarry“
100 % Schurwolle, LL 183 m/100 g
4 (4, 5, 6, 7, 8) Knäuel in Flint

HINWEIS: Falls die genannten Garne nicht (mehr) in Deutschland erhältlich sein sollten, finden Sie auf meiner Website www.cocoknits.com Alternativgarne. Gehen Sie dazu zur Rubrik „Patterns“ und klicken Sie das jeweilige Modell an. Die Alternativen sind dort ggf. aufgeführt.

VERSION B, LANGE ÄRMEL (SIEHE COVERFOTO)
A Verb For Keeping Warm „Big Sky"
100 % Schurwolle, LL 146 m/100 g
5 (5, 6, 7, 8, 9) Knäuel in Lighthouse

VERSION B, KURZE ÄRMEL
Habu „A-188 Linen Cotton Paper"
56 % Leinen, 44 % Baumwolle, LL 100 m/28 g
4 (4, 6, 8, 10, 12) Knäuel in Off White (Farbe 1)

VERSION C
Classic Elite Yarns „Blackthorn"
50 % Schurwolle, 50 % Alpaka superfine, LL 109 m/100 g
7 (8, 9, 10, 11, 12) Knäuel in Wolf (Farbe 7006)

Nadeln

Rundstricknadel 8 mm (bzw. eine Größe, die der Maschenprobe entspricht), Länge 100 cm oder länger für alle Versionen, plus Rundstricknadel Länge 60–90 cm für Version A und B
Nadeln 4,5 mm zum Abketten
Nadelspielnadeln 2–3,25 mm oder Rundstricknadel beliebiger Länge (zum Aufnehmen von Maschen)

NUR VERSION C
Rundstricknadel Nr. 2,75 mm, 100 cm zum Aufnehmen der Blendenmaschen
Rundstricknadel 5,5 mm, 100 cm zum Stricken der Blendenmaschen

Zubehör

6 Maschenmarkierer in verschiedenen Farben
2 zusätzliche Rundstricknadeln oder Wollreste zum Stilllegen der Ärmelmaschen
Reihenzähler (optional)
Vorlage Cocoknits-Pullover
11 Knöpfe (optional), nur Version C; Durchmesser 2–3 cm
50 cm leichter Baumwollstoff als Taschenfutter, nur Version C

Maschenprobe

12 M × 18 R/Rd = 10 × 10 cm glatt re mit der größten Nadelstärke

Passform und Stil

BREITE HÜFTEN

- Version B (mit U-Boot-Ausschnitt) wirkt wahrscheinlich vorteilhafter an Ihnen als der tiefe V-Ausschnitt von Version A.
- Wählen Sie eine helle, leuchtende Farbe, um den Blick nach oben zu lenken.
- Lassen Sie den Pullover nicht an Ihrer breitesten Stelle enden! Am besten sollte er über der breitesten Stelle enden, oben an der Hüfte oder an der Taille. Sie können nach den Taillenabnahmen auch gerade weiterstricken (ohne Zunahmen und ausgestelltes Unterteil), damit der Hüftumfang schmaler bleibt.

GROSSE OBERWEITE ODER KRÄFTIGE TAILLE

- Die Versionen A und C (Pullover und Strickjacke mit V-Ausschnitt) wirken wahrscheinlich vorteilhafter an Ihnen als Version B (U-Boot-Ausschnitt).
- Wählen Sie eine dunkle Farbe, um den Oberkörper optisch zu verkleinern.
- Verwenden Sie ein robustes dünnes Garn (wie Leinenbändchen oder das Habu A-188), damit ein netzartiges Gewebe entsteht. Mit derselben Nadelstärke und derselben Maschenprobe verringert ein dünneres Garn, als ich es in meinem Strickstück auf S. 53 verwendet habe, das Volumen. Das empfiehlt sich vor allem bei großer Oberweite oder kräftiger Taille, weil der Umfang des Oberkörpers so nicht noch verstärkt wird. Auf den Fotos habe ich die Version B (kurze Ärmel) so gestrickt; es hat dieselbe Maschenprobe wie die Langärmelversion B (S. 14), aber ein sehr offenes, lockeres Gewebe.

Schemazeichnungen

VERSIONEN A & B

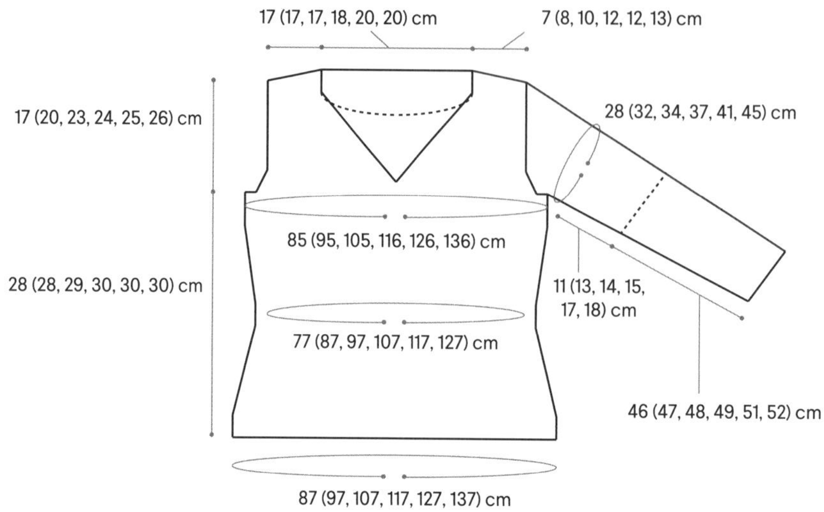

VERSION C

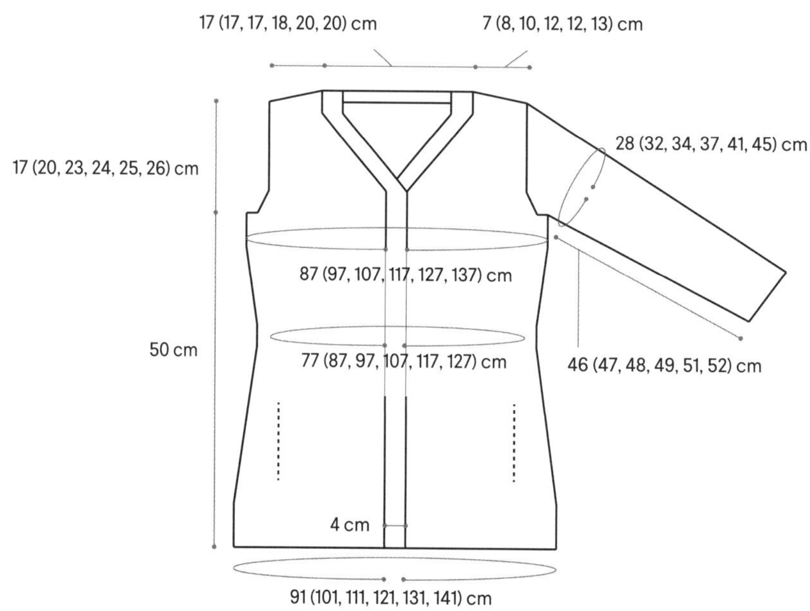

Anleitung

ALLE VERSIONEN

Abschnitt I

Oberer Rücken

Mit der größten Nadelstärke (Rundnadel, 100 cm) 20 (20, 20, 22, 24, 24) M für den oberen Rücken anschlagen.
Grund-R (Rück-R): 2 M li, MM setzen, weiter li bis 2 M vor R-Ende, MM setzen, 2 M li.
R 1 (Hin-R): 2 M re, MM abh, 1 M re, KLL, weiter re bis 1 M vor nächstem MM, KRL, 1 M re, MM abh, 2 M re. (2 M zugen)
R 2 (Rück-R): 2 M li, MM abh, 1 M li, PLL, weiter li bis 1 M vor nächstem MM, PRL, 1 M li, MM abh, 2 M li. (2 M zugen)
Diese 2 R 4× (5×, 6×, 7×, 7×, 8×) arb. = 8 (10, 12, 14, 14, 16) Form-R, 36 (40, 44, 50, 52, 56) M. Faden abschn und M stilllegen (siehe S. 19).

Abschnitt II

Schultern

RECHTE SCHULTER

Oberen Rücken so halten, dass VS vorn, stillgelegte M unten und Anschlag-R oben liegt (siehe Fotos auf S. 20). Mit dünner Nadel die Querfäden am rechten Außenrand neben der Anschlag-R nach der Methode auf S. 120 aufnehmen. Über diese 8 (10, 12, 14, 14, 16) M re verschr str. Noch 7 (9, 11, 13, 13, 15) R glatt re str, mit einer Rück-R enden. Faden lang abschn, M stilllegen.

LINKE SCHULTER

Mit dünner Nadel am linken Außenrand neben der Anschlag-R 8 (10, 12, 14, 14, 16) M nach der Methode auf S. 120 aufnehmen. Über diese M re verschr str. Weitere 7 (9, 11, 13, 13, 15) glatt re str, mit einer Rück-R enden. Faden nicht abschn.

Abschnitt III

Teile verbinden und Armkugeln stricken

HINWEIS: Mit der abgewandelten Magic-Loop-Methode kommen Sie einfacher um die Ecken (siehe S. 123).

R 1 (Hin-R): 6 (8, 10, 12, 12, 14) M re (linke Schulter), SSK. Mit dünner Nadel die Querfäden am Außenrand der linken Schulter aufnehmen. Über diese M re verschr str, dabei gleichmäßig auf 8 (8, 10, 10, 10, 12) M abn; diese M bilden die linke Armkugel. Über die Rücken-M wie folgt str: 2 M re zus-str, MM entfernen, 32 (36, 40, 46, 48, 52) M re, MM entfernen, SSK. Mit dünner Nadel die Querfäden am Außenrand der rechten Schulter aufnehmen, re verschr str, dabei wie für die linke Schulter gleichmäßig auf 8 (8, 10, 10, 10, 12) M abn; diese M bilden die rechte Armkugel. Über die rechte Schulter wie folgt str: 2 M re zus-str, 6 (8, 10, 12, 12, 14) M re.

MARKIERER SETZEN

R 2 (Rück-R): 2 M li, MM (gelb) für Halsrand setzen, 5 (7, 9, 11, 11, 13) M li (rechtes VT), MM (violett) setzen, 8 (8, 10, 10, 10, 12) M li (Ärmel), MM (blau) setzen, 34 (38, 42, 48, 50, 54) M li (RT), MM (orange) setzen, 8 (8, 10, 10, 10, 12) M li (Ärmel), MM (grün) setzen, 5 (7, 9, 11, 11, 13) M li (linkes VT), MM (rot) für Halsrand setzen, 2 M li. Beachten Sie, dass die 2 Halsrand-M an jedem Ende zu den Vorderteilen gezählt werden.

PULLOVER GEMÄSS VERSION A, B ODER C FERTIGSTELLEN.

Emma

Version A

Mit einem dicken Garn wird aus Emma ein gemütlicher Pulli. Durch den weiten Halsausschnitt und die Taillierung wirkt er trotzdem nicht zu kastig. Dieses einfache Anfängermodell lässt sich problemlos durch einen Längszopf auf der Vorderseite oder Colour-Blocking an Ärmeln oder Rumpf variieren. Ihrer Kreativität sind keine Grenzen gesetzt!

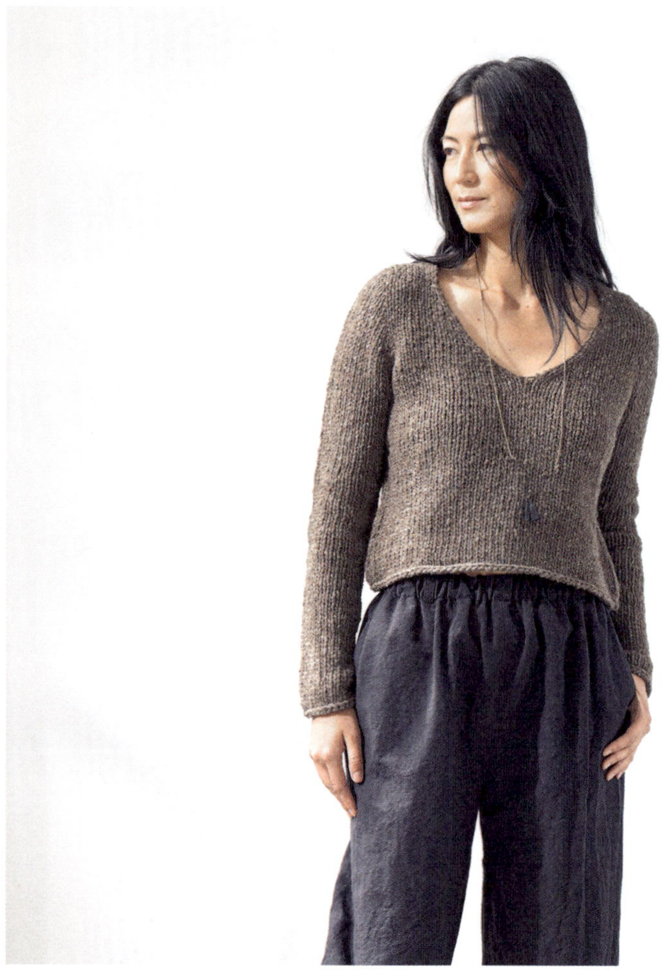

Abschnitt IV

Passe nach der Vorlage fertigstellen

ALLE ABSCHNITTE DER VORLAGE WIE FOLGT AUSFÜLLEN:
Anfangsmaschenzahl für jeden Abschnitt/jede Spalte:
Linker und rechter Ärmel: 8 (8, 10, 10, 10, 12) M.
Rückenteil: 34 (38, 42, 48, 50, 54) M.
Linkes und rechtes VT: 7 (9, 11, 13, 13, 15) M.

Die Passe wird über 24 (28, 32, 34, 38, 40) R gestrickt; ziehen Sie in Ihrer Vorlage unter dieser R eine Linie.

ÄRMEL

An jedem Ärmelrand in jeder Hin-R 3× (5×, 3×, 6×, 8×, 9×), in jeder 4. R 3× (3×, 5×, 4×, 4×, 4×), dann in jeder Hin-R 3× (3×, 3×, 3×, 3×, 3×) zun = 26 (30, 32, 36, 40, 44) M für jeden Ärmel.

RÜCKENTEIL

In den letzten 8 (10, 12, 12, 16, 18) Passe-R an den Armlochrändern in jeder Hin-R 4× (5×, 6×, 6×, 8×, 9×) zun = 42 (48, 54, 60, 66, 72) M.

VORDERTEILE

ARMLOCH

In den letzten 8 (10, 12, 12, 16, 18) Passe-R am Armlochrand an jedem VT in jeder Hin-R 4 ×(5×, 6×, 6×, 8×, 9×) zun.

HALSAUSSCHNITT

An den Halsrändern (Anfang und Ende der R nach dem roten und vor dem gelben MM) auf der VS in jeder 4. R 2× (4×, 6×, 6×, 7×, 8×), dann in jeder Hin-R 8× (6×, 4×, 5×, 5×, 4×) zun = 21 (24, 27, 30, 33, 36) M für jedes VT.

Wenn Sie die Vorlage ausgefüllt haben, die Passe arb und wie angegeben zun: vor MM KRL, 2 M re, nach MM 2 M re, KLL.

Wenn Sie die Vorlage ausgefüllt haben, befinden sich 136 (156, 172, 192, 212, 232) M auf der Nadel.

Version A – Rumpf

Beim Abstricken der nächsten R alle MM entfernen.
Nächste R (Hin-R): M des linken Vorderteils str, *26 (30, 32, 36, 40, 44) Ärmel-M stilllegen, 8 M für die Achsel aufschlingen (siehe Hinweis unten), 42 (48, 54, 60, 66, 72) M des Rückenteils str, ab * für Ärmel und Achsel der anderen Seite wdh, M des rechten Vorderteils str.

HINWEIS: Zum Aufschlingen in der R empfehle ich folgende Methode: 2 M weniger aufschlingen als angegeben (hier: 6 M). In der nächsten Rd aus dem lockeren Querfaden vor und nach dem Maschenanschlag je 1 M re verschr zun. Nun liegt die erforderliche M-Anzahl auf der Nadel, und der Anschlag ist gleichmäßiger (siehe S. 115).

Am Ende der R nicht wenden, sondern über 25 (28, 31, 34, 37, 40) M des linken Vorderteils weiter re str. Zu kürzerer Rundstricknadel wechseln. Rd-Beg mit rotem MM markieren (unter dem linken Arm in der Mitte der neu angeschlagenen M). Ab hier in Rd str.

Nächste Rd: 50 (56, 62, 68, 74, 80) M re, in der rechten Achsel MM setzen, Rd re beenden. Vom Achselanschlag 8 cm oder bis zur gewünschten Länge glatt re str. Mit den Taillenabnahmen an der stärksten Stelle der Brust oder direkt darunter beginnen.

TAILLE FORMEN

Nächste Rd (Taillenabnahme): *2 M re, SSK, bis 4 M vor Seiten-MM re, 2 M re zus-str, 2 M re; ab * noch 1× wdh (4 M abgen). Glatt re weiterstr, Taillenabnahme in der 6. Rd wdh = je 46 (52, 58, 64, 70, 76) M für RT und VT, 92 (104, 116, 128, 140, 152) M gesamt.
Bis 15 cm ab Achselanschlag bzw. bis zur seitlichen Unterkante des Brustkorbs glatt re weiterstr.

Nächste Rd (Hüftzunahme): *2 M re, KLL, bis 2 M vor Seiten-MM re, KRL, 2 M re, MM abh, ab * noch 1× wdh (4 M zugen). Hüftzunahme in jeder 6. Rd noch 2× wdh = je 52 (58, 64, 70, 76, 82) M für RT und VT.
Bis 28 (28, 29, 30, 30, 30) cm ab Achselanschlag oder bis zur gewünschten Länge glatt re weiterstr.
Mit Nadelstärke 4,5 mm nach Jenys Methode li abk (siehe S. 128).

Version A – Ärmel

Mit Arbeitsnadel im Kreuzanschlag 8 M anschlagen, 26 (30, 32, 36, 40, 44) stillgelegte Ärmel-M re str, 4 neu angeschlagene M re str. Für Rd-Beg MM setzen. Ingesamt liegen 34 (38, 40, 44, 48, 52) M auf der Nadel.
12 Rd glatt re str.
Nächste Rd (Ärmelabnahme): 1 M re, SSK, bis 3 M vor Rd-Ende str, 2 M re zus-str, 1 M re (2 M abgen).
Ärmelabnahmen noch 2× in jeder 6. Rd, dann 3× in jeder 12. Rd ausführen = 22 (26, 28, 32, 36, 40) M.
Weiter glatt re, bis der Ärmel ab Achselanschlag 46 (47, 48, 49, 51, 52) cm oder die gewünschte Länge misst.
Mit Nadelstärke 4,5 mm nach Jenys Methode links abk.

Fertigstellen

Achselöffnungen im Maschenstich schließen (siehe S. 130). Fadenenden vernähen, Pullover spannen.

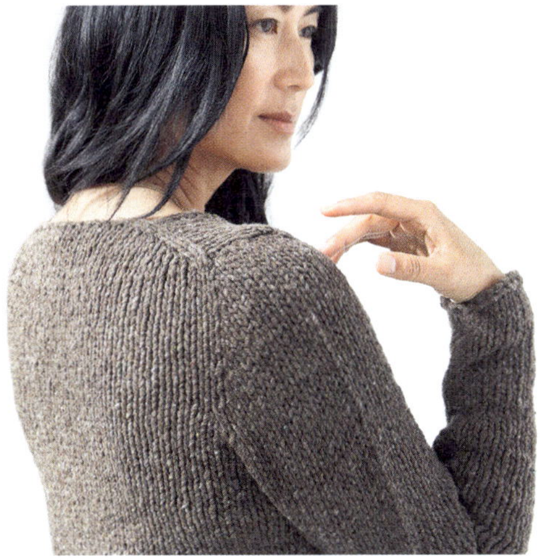

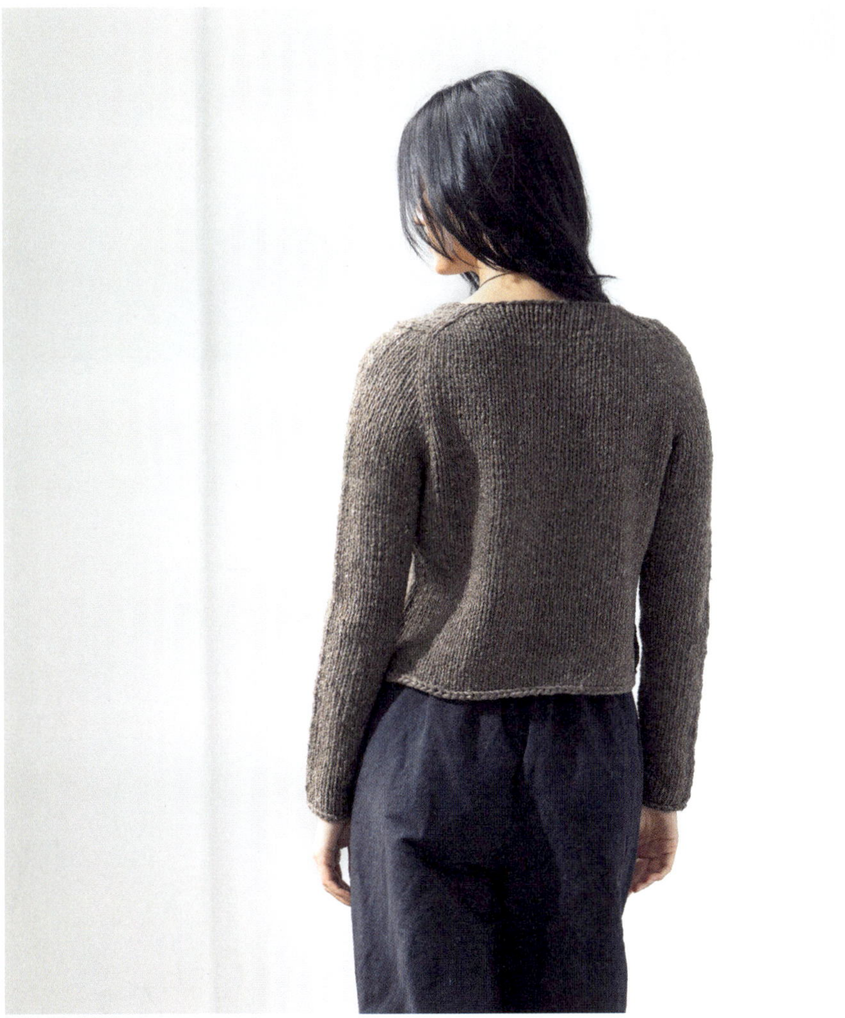

Emma

Version B

Wie Version A (siehe S. 62) wird auch die Emma-Version mit dem U-Boot-Ausschnitt bald zu Ihrem Lieblingspullover, wenn die Temperaturen fallen. Sobald Sie die nahtlose Passe beherrschen, experimentieren Sie ruhig mit Colour-Blocking, Streifen und/oder verschiedenen Ärmellängen (hier abgebildet mit kurzen Ärmeln, auf S. 14 und dem Cover mit langen Ärmeln).

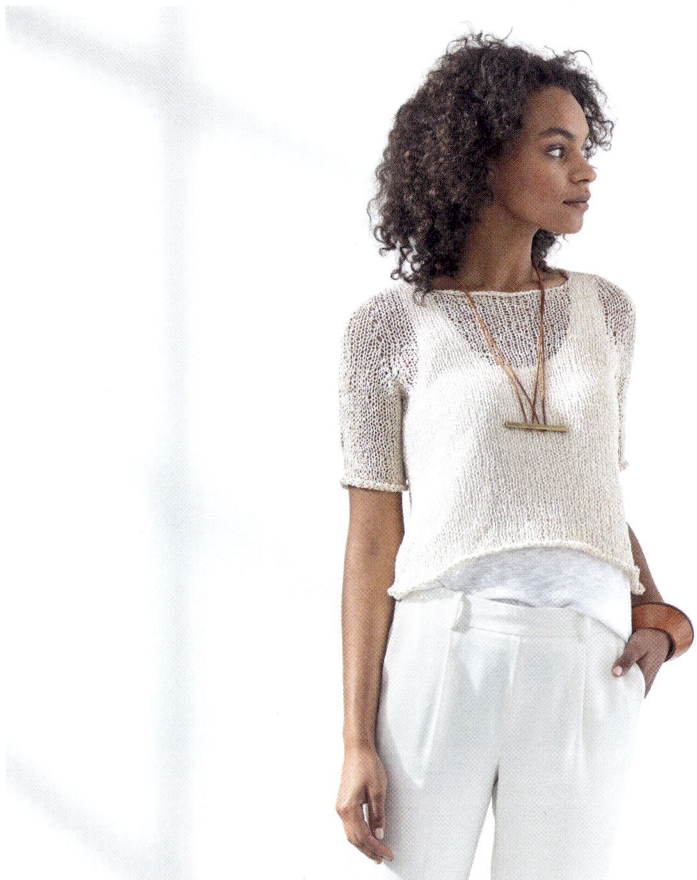

Abschnitt IV

Passe nach der Vorlage fertigstellen

ALLE ABSCHNITTE DER VORLAGE WIE FOLGT AUSFÜLLEN:
Anfangsmaschenzahl für jeden Abschnitt/jede Spalte:

Linker und rechter Ärmel: 8 (8, 10, 10, 10, 12) M.
Rückenteil: 34 (38, 42, 48, 50, 54) M.
Linkes und rechtes VT: 7 (9, 11, 13, 13, 15) M.

Die Passe wird über 24 (28, 32, 34, 38, 40) R gestrickt; ziehen Sie in Ihrer Vorlage unter dieser R eine Linie.

ÄRMEL
An jedem Ärmelrand in jeder Hin-R 3× (5×, 3×, 6×, 8×, 9×), in jeder 4. R 3× (3×, 5×, 4×, 4×, 4×), dann in jeder Hin-R 3× (3×, 3×, 3×, 3×, 3×) zun = 26 (30, 32, 36, 40, 44) M für jeden Ärmel.

RÜCKENTEIL

In den letzten 8 (10, 12, 12, 16, 18) Passe-R an den Armlochrändern in jeder Hin-R 4× (5×, 6×, 6×, 8×, 9×) zun = 42 (48, 54, 60, 66, 72) M.

VORDERTEILE

ARMAUSSCHNITTE

In den letzten 8 (10, 12, 12, 16, 18) Passe-R am Armlochrand an jedem VT in jeder Hin-R 4 ×(5×, 6×, 6×, 8×, 9×) zun.

HALSAUSSCHNITT

Für den U-Boot-Ausschnitt werden am Ende von R 1 für die Halsmitte M angeschlagen. Nach R 1 der Vorlage wird der Rumpf in Rd gearbeitet. Jede R der Vorlage ist nun eine Rd und wird von rechts nach links gestrickt.
Am Ende von R 1 (links der gelben Linie) „+18 (18, 18, 20, 22, 22)“ eintragen.
An beiden Enden von Rd 2 rechts der roten und links der gelben Linie „+1“ eintragen.

Wenn Sie die Vorlage ausgefüllt haben, die Passe arb und wie angegeben zun: vor MM KRL, 2 M re, nach MM 2 M re, KLL.

Halsausschnitt: Am Ende von R 1 nicht wenden, 18 (18, 18, 20, 22, 22) M aufschlingen.
M zur Rd schließen. Alle geraden R der Vorlage werden ab hier als gerade Rd gearbeitet. Zu kürzerer Rundstricknadel wechseln.

Rd 2: Mit linkem VT beg, bis zum gelben MM re str, MM entfernen, 2 M re, aus dem lockeren Querfaden vor dem Maschenanschlag 1 M re verschr zun. 18 (18, 18, 20, 22, 22) M re, aus dem lockeren Querfaden nach dem Maschenanschlag 1 M re verschr zun, 2 M re. Rd beginnt am roten MM = 42 (48, 54, 60, 66, 72) M im VT.

Wenn Sie die Vorlage ausgefüllt haben, befinden sich 136 (156, 172, 192, 212, 232) M auf der Nadel.

Version B – Rumpf

Beim Abstricken der nächsten Rd alle MM entfernen.
Nächste Rd (Hin-R): M des linken Vorderteils str, *26 (30, 32, 36, 40, 44) Ärmel-M stilllegen, 8 M für die Achsel aufschlingen (siehe Hinweis unten), 42 (48, 54, 60, 66, 72) M des Rückenteils str, ab * für Ärmel und Achsel der anderen Seite wdh, bis zur linken Achsel weiterstr, Rd-Beg in der Mitte der angeschlagenen M mit MM markieren.

HINWEIS: Zum Aufschlingen in der R empfehle ich folgende Methode: 2 M weniger aufschlingen als angegeben (hier: 6 M). In der nächsten Rd aus dem lockeren Querfaden vor und nach dem Maschenanschlag je 1 M re verschr zun. Nun liegt die erforderliche M-Anzahl auf der Nadel, und der Anschlag ist gleichmäßiger (siehe S. 115).

Nächste Rd: 50 (56, 62, 68, 74, 80) M re, in der rechten Achsel MM setzen, Rd re beenden. Vom Achselanschlag 8 cm oder bis zur gewünschten Länge glatt re str. Mit den Taillenabnahmen an der stärksten Stelle der Brust oder direkt darunter beginnen.

TAILLE FORMEN

Nächste Rd (Taillenabnahme): *2 M re, SSK, bis 4 M vor Seiten-MM re, 2 M re zus-str, 2 M re; ab * noch 1× wdh (4 M abgen). Glatt re weiterstr, Taillenabnahme in der 6. Rd wdh = je 46 (52, 58, 64, 70, 76) M für RT und VT, 92 (104, 116, 128, 140, 152) M gesamt.
Bis 15 cm ab Achselanschlag bzw. bis zur seitlichen Unterkante des Brustkorbs glatt re weiterstr.

Nächste Rd (Hüftzunahme): *2 M re, KLL, bis 2 M vor Seiten-MM re, KRL, 2 M re, MM abh, ab * noch 1× wdh (4 M zugen). Hüftzunahme in jeder 6. Rd noch 2× wdh = je 52 (58, 64, 70, 76, 82) M für RT und VT.
Bis 28 (28, 29, 30, 30, 30) cm ab Achselanschlag oder bis zur gewünschten Länge glatt re weiterstr.
Mit Nadelstärke 4,5 mm nach Jenys Methode li abk (siehe S. 128).

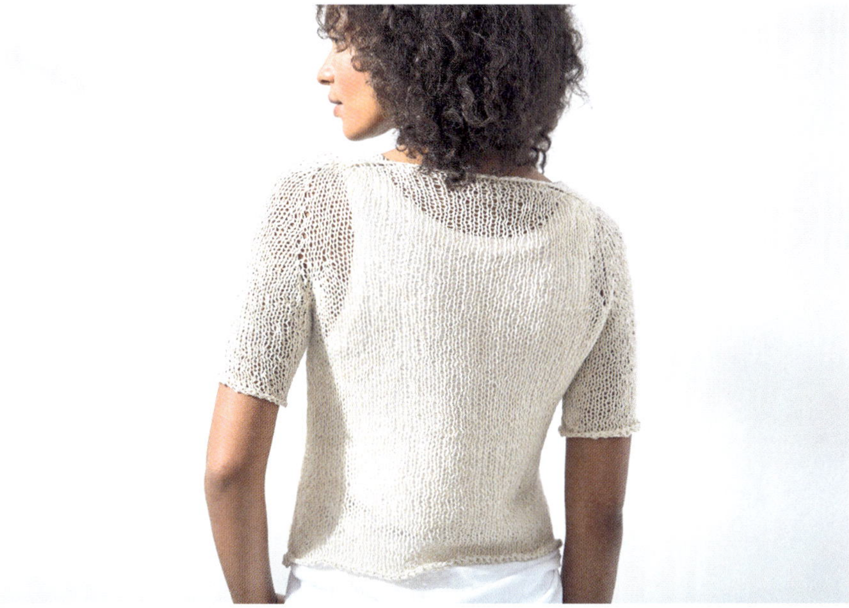

Version B – Ärmel

LANGE ÄRMEL

Ärmel nach Anleitung für Version A (einfach) oder Version C (Rippenmuster am Ellbogen) stricken.

KURZE ÄRMEL

Mit Arbeitsnadel im Kreuzanschlag 8 M anschlagen, 26 (30, 32, 36, 40, 44) stillgelegte Ärmel-M re str, 4 neu angeschlagene M re str. Für Rd-Beg MM setzen Ingesamt liegen 34 (38, 40, 44, 48, 52) M auf der Nadel.
8 Rd glatt re str.
Nächste Rd (Ärmelabnahme): 1 M re, SSK, bis 3 M vor Rd-Ende str, 2 M re zus-str, 1 M re (2 M abgen).
Falls gewünscht, Ärmelabnahme in der 9. Rd wdh.
Weiter glatt re, bis der Ärmel ab Achselanschlag 11 (13, 14, 15, 17, 18) cm oder die gewünschte Länge misst.
Mit Nadelstärke 4,5 mm nach Jenys Methode (siehe S. 128) li abk.

Fertigstellen

Achselöffnungen im Maschenstich schließen (siehe S. 130). Fadenenden vernähen, Pullover spannen.

Emma

Version C

Die „Emma"-Strickjacke ist ein schnell gestrickter Einstieg in die Cocoknits-Methode und wunderbar zum Reinkuscheln im Winter. Die lange Rippenmuster-Linie an den Ärmeln macht die Ärmelsilhouette schlanker, und das Stofffutter der Taschen verhindert zu viel Masse im Hüftbereich. Experimentieren Sie mit verschiedenen Farben und der idealen Länge von Ärmeln und Rumpf.

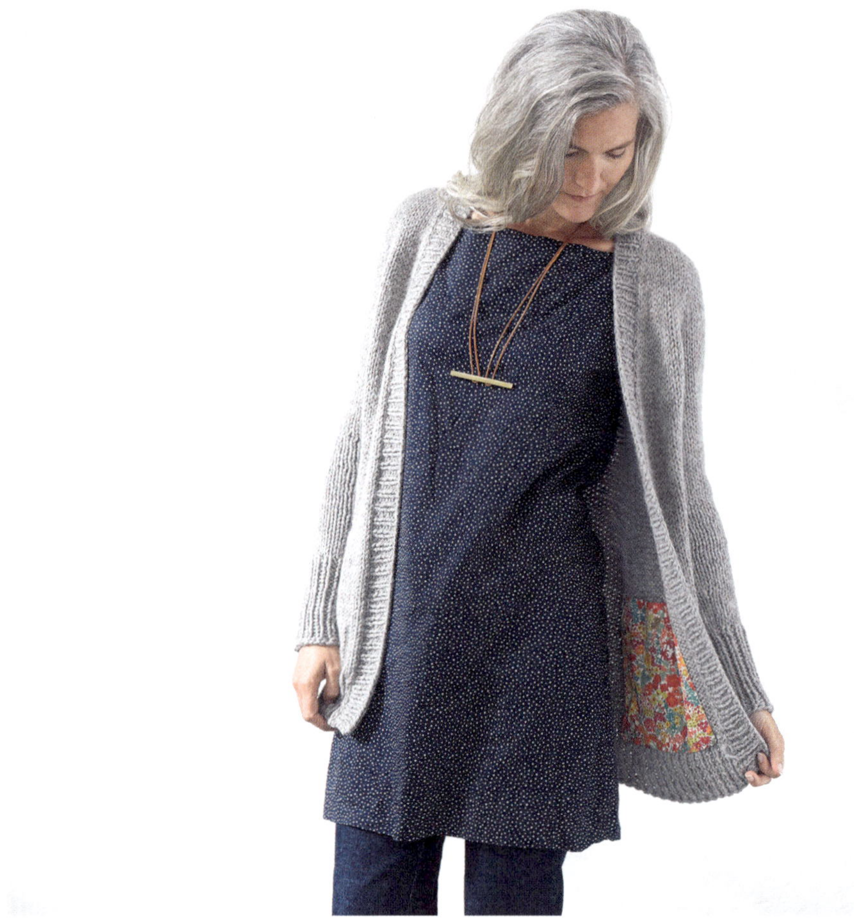

Abschnitt IV

Passe nach der Vorlage fertigstellen

ALLE ABSCHNITTE DER VORLAGE WIE FOLGT AUSFÜLLEN:

Anfangsmaschenzahl für jeden Abschnitt/jede Spalte:

Linker und rechter Ärmel: 8 (8, 10, 10, 10, 12) M.
Rückenteil: 34 (38, 42, 48, 50, 54) M.
Linkes und rechtes VT: 7 (9, 11, 13, 13, 15) M.

Die Passe wird über 24 (28, 32, 34, 38, 40) R gestrickt; ziehen Sie in Ihrer Vorlage unter dieser R eine Linie.

ÄRMEL

An jedem Ärmelrand in jeder Hin-R 3× (5×, 3×, 6×, 8×, 9×), in jeder 4. R 3× (3×, 5×, 4×, 4×, 4×), dann in jeder Hin-R 3× (3×, 3×, 3×, 3×, 3×) zun = 26 (30, 32, 36, 40, 44) M für jeden Ärmel.

RÜCKENTEIL

In den letzten 8 (10, 12, 12, 16, 18) Passe-R an den Armlochrändern in jeder Hin-R 4× (5×, 6×, 6×, 8×, 9×) zun = 42 (48, 54, 60, 66, 72) M.

VORDERTEILE

ARMAUSSCHNITTE

In den letzten 8 (10, 12, 12, 16, 18) Passe-R am Armlochrand an jedem VT in jeder Hin-R 4 ×(5×, 6×, 6×, 8×, 9×) zun.

HALSAUSSCHNITT

An den Halsrändern (Anfang und Ende der R nach dem roten und vor dem gelben MM) auf der VS in jeder 4. R 2× (4×, 6×, 6×, 7×, 8×), dann in jeder Hin-R 8× (6×, 4×, 5×, 5×, 4×) zun = 21 (24, 27, 30, 33, 36) M für jedes VT.

Wenn Sie die Vorlage ausgefüllt haben, die Passe arb und wie angegeben zun: vor MM KRL, 2 M re, nach MM 2 M re, KLL.

Wenn Sie die Vorlage ausgefüllt haben, befinden sich 136 (156, 172, 192, 212, 232) M auf der Nadel.

Version C – Rumpf

Beim Abstricken der nächsten R alle MM entfernen.
Nächste R (Hin-R): M des linken VT str, *26 (30, 32, 36, 40, 44) Ärmel-M stilllegen, 8 M für die Achsel aufschlingen (siehe Hinweis unten), 42 (48, 54, 60, 66, 72) M des RT str, ab * für Ärmel und Achsel der anderen Seite wdh, M des rechten VT str.

HINWEIS: Zum Aufschlingen in der R empfehle ich folgende Methode: 2 M weniger aufschlingen als angegeben (hier: 6 M). In der nächsten R aus dem lockeren Querfaden vor und nach dem Maschenanschlag je 1 M re verschr zun. Nun liegt die erforderliche M-Anzahl auf der Nadel, und der Anschlag ist gleichmäßiger (siehe S. 115).
Nächste R (Rück-R): M abstr, in der Mitte der 8 neuen Achsel-M jeweils die

Rumpfseiten markieren = 50 (56, 62, 68, 74, 80) M im Rückenteil, je 25 (28, 31, 34, 37, 40) M in den Vorderteilen.
Vom Achselanschlag 8 cm oder bis zur gewünschten Länge glatt re str.
Mit den Taillenabnahmen an der stärksten Stelle der Brust oder direkt darunter beginnen.

Lesen Sie zuerst weiter! Taille und Taschen werden gleichzeitig gearbeitet.

TAILLE FORMEN

Nächste R (Taillenabnahme): *Bis 4 M vor Seiten-MM re, 2 M re zus-str, 2 M re, MM abh, 2 M re, SSK, ab * noch 1× wdh, R beenden (4 M abgen).
5 R glatt re, dann eine weitere Taillenabnahme str. = 46 (52, 58, 64, 70, 76) M im RT, je 23 (26, 29, 32, 35, 38) M in den VT.

Bis 15 cm ab Achselanschlag bzw. bis zur seitlichen Unterkante des Brustkorbs glatt re weiterstr.

Nächste R (Hüftzunahme, Hin-R): *Bis 2 M vor MM re, KLL, 2 M re, MM abh, 2 M re, KRL, ab * noch 1× wdh, R beenden (4 M zugen).
Hüftzunahme in jeder 6. Rd noch 2× wdh = 52 (58, 64, 70, 76, 82) M im Rückenteil, je 26 (29, 32, 35, 38, 41) M in den Vorderteilen.

GLEICHZEITIG

TASCHEN EINARBEITEN

Wenn der Rumpf 25 cm ab Achselanschlag misst (bzw. auf der gewünschten Höhe für Eingrifftaschen) mit Rück-R enden, Arbeit teilen.
Nächste R (Hin-R): Bis 2 M vor MM re, 2× aus 1 M 2 M herausstr, MM abh, bis 1 M vor nächsten MM str, aus 1 M 2 M herausstr, MM abh, aus 1 M 2 M herausstr, R beenden (4 M zugen).

Nur über rechtes VT stricken (MM kann später entfernt werden):
R 1 (Hin-R): Bis 3 M vor MM li, 1 M abh (FvdA), 1 M re, 1 M abh (FvdA), wenden.
R 2 (Rück-R): 1 M re, 1 M abh (FvdA), R re beenden.
Diese beiden R über 15 cm stets wdh, mit Rück-R enden; Faden abschn, M stilllegen.

Faden wieder ansetzen und nur über Rückenteil stricken (MM kann später entfernt werden). Die 2 zusätzlichen M im Rückenteil dienen als Rand-M zum späteren Befestigen des Taschenfutters.

R 1 (Rück-R): Von MM bis 1 M nach nächstem MM li, wenden.
R 2 (Hin-R): Rückenteil-M re.
Diese beiden R über 15 cm stets wdh, mit Rück-R enden; Faden abschn, M stilllegen.

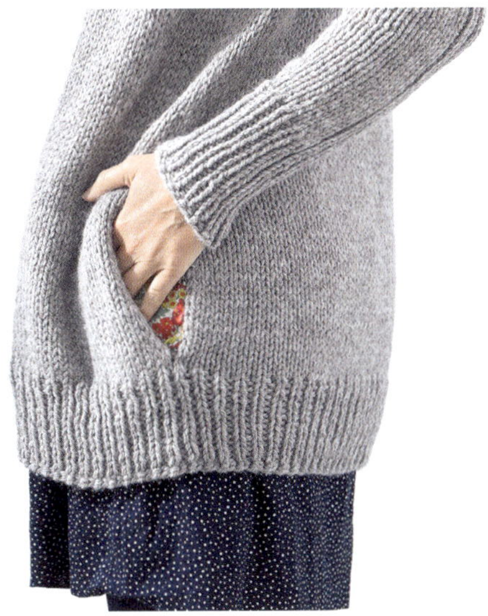

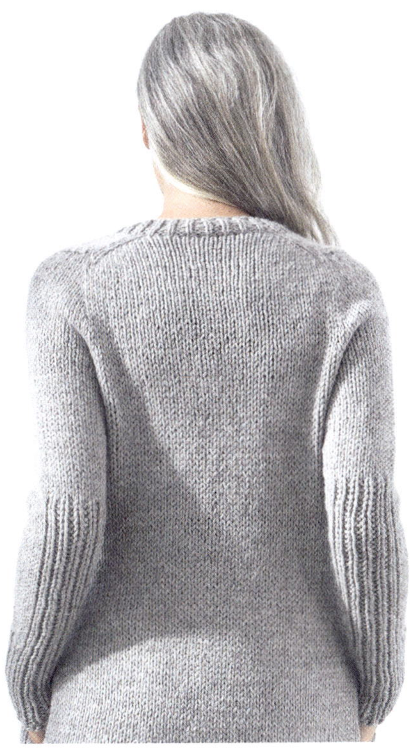

Faden wieder ansetzen und nur über linkes VT str:
R 1 (Rück-R): 1 M abh (FvdA), 1 M re, 1 M abh (FvdA), R li beenden.
R 2 (Hin-R): Re bis 2 M vor R-Ende, 1 M abh (FvdA), 1 M re.
Diese 2 R über 15 cm stets wdh, mit Rück-R enden. Faden nicht abschn.

Teile wieder zusammenführen:
Nächste R (Hin-R): Über linkes VT bis 2 M vor Abschnittende str, 2 M re zus-str, Rückenteil: 2 M re zus-str, weiter re bis 2 M vor Abschnittende, SSK, rechtes VT: SSK, R re beenden. (Rand-M wurden durch die 4 Abnahmen entfernt.)
Nächste R (Rück-R): Alle M li.

RIPPENMUSTER

Grund-R (Hin-R): 1 M re, 12× (13×, 15×, 16×, 18×, 19×) [1 M re, 1 M li], aus 1 M 2 M herausstr, [1 M re, 1 M li] bis 2 M vor R-Ende, 2 M re.
R 1 (Rück-R): 2 M li, [1 M re, 1 M li] bis 1 M vor R-Ende, 1 M li.
R 2 (Hin-R): 2 M re, [1 M li, 1 M re] bis 1 M vor R-Ende, 1 M re.
Diese beiden R wdh, bis das Rippenmuster 9 cm oder der Rumpf ab Achselanschlag 50 cm misst bzw. bis zur gewünschten Länge.
Mit Nadelst. 4,5 mm nach Jenys Methode (S. 128) im Rippenmuster abk.

Version C – Ärmel

Mit Arbeitsnadel im Kreuzanschlag 8 M anschlagen, 26 (30, 32, 36, 40, 44) stillgelegte Ärmel-M re str, 4 neu angeschlagene M re str. Für Rd-Beg MM setzen. Ingesamt liegen 34 (38, 40, 44, 48, 52) M auf der Nadel. Nach 17 (19, 20, 22, 24, 26) M zweiten MM setzen (halbe Runde).

Lesen Sie zuerst weiter! Ellbogenrippen und Ärmelabnahmen werden gleichzeitig gearbeitet.
12 Rd glatt re.
Nächste Rd (Ärmelabnahme): 1 M re, SSK, bis 3 M vor Rd-Ende str, 2 M re zus-str, 1 M re (2 M abgen).
Ärmelabnahmen noch 4× (5×, 5×, 6×, 6×, 7×) in jeder 10. (8., 8., 8., 8., 8.) Rd ausführen = 24 (26, 28, 30, 34, 36) M.

GLEICHZEITIG

Mit dem Rippenmuster 8 cm über dem Ellbogen beginnen:
Nur rechter Ärmel: Bis 10 (12, 12, 12, 12, 12) M vor Halbrunden-MM re, 5× (6×, 6×, 6×, 6×, 6×) [1 M re, 1 M li], bis Rd-Ende glatt re.
Nur linker Ärmel: Bis Halbrunden-MM glatt re, 5× (6×, 6×, 6×, 6×, 6×) [1 M li, 1 M re], bis Rd-Ende glatt re.
Diese 10 (12, 12, 12, 12, 12) M im einfachen Rippenmuster str, bis der

Ärmel 33 (34, 36, 37, 38, 39) cm bzw. Gesamtlänge minus 13 cm misst.
Über alle M im einfachen Rippenmuster str: rechter Ärmel 1 M re (1 M li, 1 M re, 1 M li, 1 M li, 1 M re); linker Ärmel 1 M li (1 M re, 1 M li, 1 M re, 1 M re, 1 M li). 13 cm Rippenmuster str, bis der Ärmel 46 (47, 48, 50, 51, 52) cm oder die gewünschte Länge misst.
Mit Nadelstärke 4,5 mm nach Jenys Methode im Rippenmuster abk.

TASCHENFUTTER

Stoff vorwaschen und trocknen. 4× 20 × 23 cm zuschneiden. 2 Stücke mit 1 cm Saumbreite rechts auf rechts an den Kanten zusammennähen, dabei eine 5 cm große Wendeöffnung auslassen. Mit den anderen Stoffstücken ebenso verfahren. Wenden und bügeln. Öffnungen schließen.

Nähgarnfarbe passend zur Wolle wählen. Kürzere Seite (18 cm) mit der Hand auf der RS überwendlich an Rand-M der Taschenöffnung nähen. Die anderen 3 Kanten an die Innenseite des Vorderteils nähen.

KNOPFLEISTE

Zum Aufnehmen und Stricken der Knopfleiste siehe Anleitung auf S. 132.
Mit der Rundstricknadel (2,75 mm, 100 cm) ab Unterkante des re VT 92 (96, 100, 104, 106, 108) M, am hinteren Halsausschnitt 17 (17, 17, 19, 21, 21) M, am li VT 92 (96, 100, 104, 106, 108) M aufnehmen.
R 1 (Hin-R): Faden unten am re VT ansetzen und mit Nadelstärke 5,5 mm 1 R re str.
R 2 und 4 (Rück-R): 1 M wie zum Linksstr abh, [1 M li, 1 M re] bis 2 M vor R-Ende, 2 M li.
R 3 (Hin-R): 1 M wie zum Rechtsstr abh, [1 M re, 1 M li] bis 2 M vor R-Ende, 2 M re.

KNOPFLÖCHER ARBEITEN (OPTIONAL)

R 5 (Hin-R): 1 M wie zum Rechtsstr abh, 1 M re, 1 M li, *aus 1 M 2 M re herausstr, 1 M li. 2. M auf der rechten Nadel über 1. ziehen (zugen M über li M). Diese M auf die linke Nadel schieben (FhdA) und mit der nächsten M zus-str. 1 M li, 1 M re, 1 M li**. Noch 10× von * bis ** 10 wdh = 11 Knopflöcher. Bis R-Ende weiter im Rippenmuster str.
R 6 (Rück-R): Im Rippenmuster str, dabei über jeder abgeketteten M 1 M aufschlingen.
R 7–9: Im Rippenmuster str.
Locker im Rippenmuster abk.

Fertigstellen

Achselöffnungen im Maschenstich schließen (siehe S. 130). Fadenenden vernähen, Pullover spannen.

Tilda

Überblick

Mit diesem Drop-Shoulder-T-Shirt lässt sich gut üben, wie man die Maschen hinten an den Schultern aufnimmt, um daraus die Vorderteile zu stricken. Anschließend werden alle Teile auf Achselhöhe zusammengebracht und nahtlos weitergestrickt. Da dieses Modell keine richtigen Ärmel hat, sondern nur überschnittene Schultern, brauchen Sie die Cocoknits-Vorlage hier nicht.

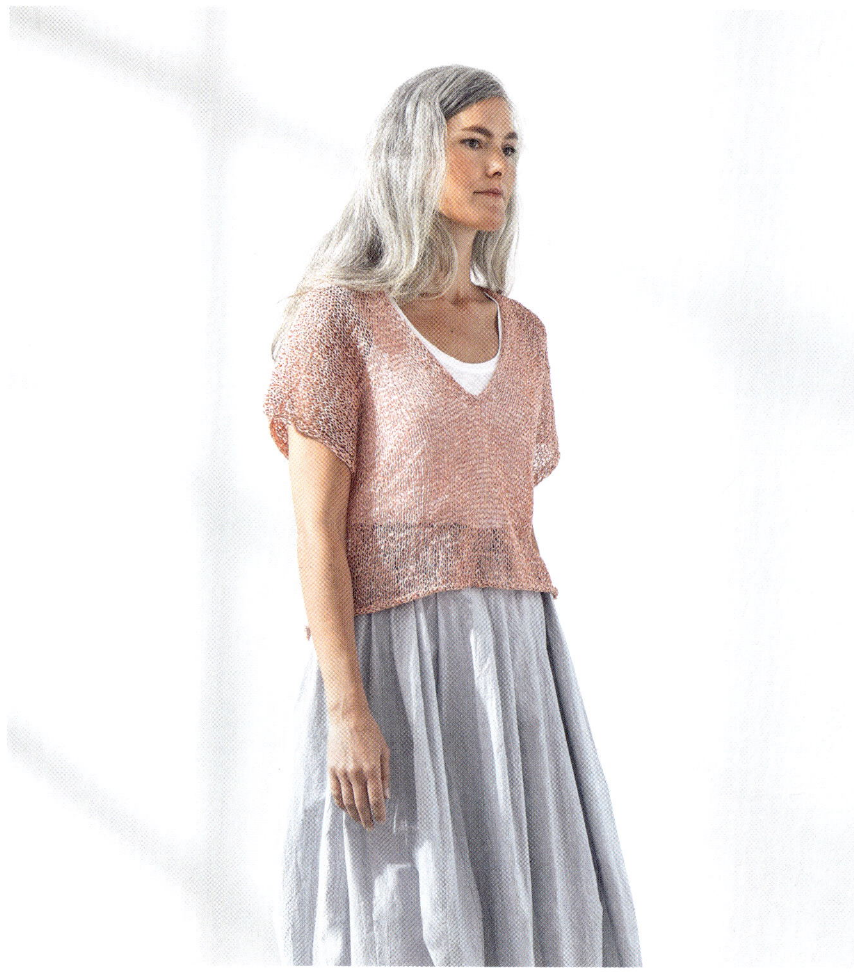

Größen

S (M, L, XL, 2XL, 3XL)

Fertige Maße

Brustumfang: 104 (110, 116, 122, 128, 133) cm
Armlochtiefe/½ Oberarmumfang: 18 (20, 22, 23, 24, 25) cm
Länge: 44 (46, 47, 48, 50, 50) cm

Garn

455 (500, 550, 595, 685, 775) m mittelstarkes oder dickes Garn

Habu „n-100 Wide Cotton Gima"
100 % Baumwolle, LL 100 m/28 g
5 (5, 6, 6, 7, 8) Knäuel in Peach (Farbe 12)

Nadeln

Rundstricknadel 6 mm (bzw. eine Größe, die der Maschenprobe entspricht), Länge 100 cm oder länger (Informationen zur Länge auf S. 19)
Rundstricknadel 6 mm (bzw. eine Größe, die der Maschenprobe entspricht), 60–90 cm
Rundstricknadel 5,5 mm für den Saum
Nadeln 4 mm zum Abketten
Nadelspielnadeln 2–3,25 mm oder Rundstricknadel beliebiger Länge (zum Aufnehmen von Maschen)

Zubehör

Maschenmarkierer (beliebige Farbe)
Hilfsnadeln oder Wollreste zum Stilllegen der Achselmaschen
Reihenzähler (optional)

Maschenprobe

14 M × 19 R = 10 × 10 cm glatt re mit stärksten Nadeln

HINWEIS: Falls die genannten Garne nicht (mehr) in Deutschland erhältlich sein sollten, finden Sie auf meiner Website www.cocoknits.com Alternativgarne. Gehen Sie dazu zur Rubrik „Patterns" und klicken Sie das jeweilige Modell an. Die Alternativen sind dort ggf. aufgeführt.

Passform und Stil

Tilda fällt sehr groß aus, aber das Gewebe soll so locker sein, dass die Körperumrisse darunter zu sehen sind. Die Unterkanten der „Ärmel" lenken den Blick diagonal auf die schmalste Stelle Ihres Körpers direkt unter der Brust, zur wichtigen Zwei-Drittel-Linie (siehe S. 41).

KRÄFTIGE HÜFTEN

- Achten Sie darauf, dass der Pullover über den Hüften endet.
- Arbeiten Sie in einer hellen Farbe, die Ihnen gut steht, um den Blick nach oben zu lenken.
- Verkleinern Sie den Halsausschnitt, indem Sie die Länge im Abschnitt „Linke und rechte Schulter" vor dem Abschnitt „Halsausschnitt schließen" verringern.

GROSSE OBERWEITE ODER KRÄFTIGE TAILLE

- Tragen Sie ein dunkles Tanktop darunter, um den Oberkörper optisch schlanker zu machen.
- Der Pullover sollte an der schmalsten Stelle Ihres Körpers enden: unter der Taille im Hüftbereich.

Schemazeichnung

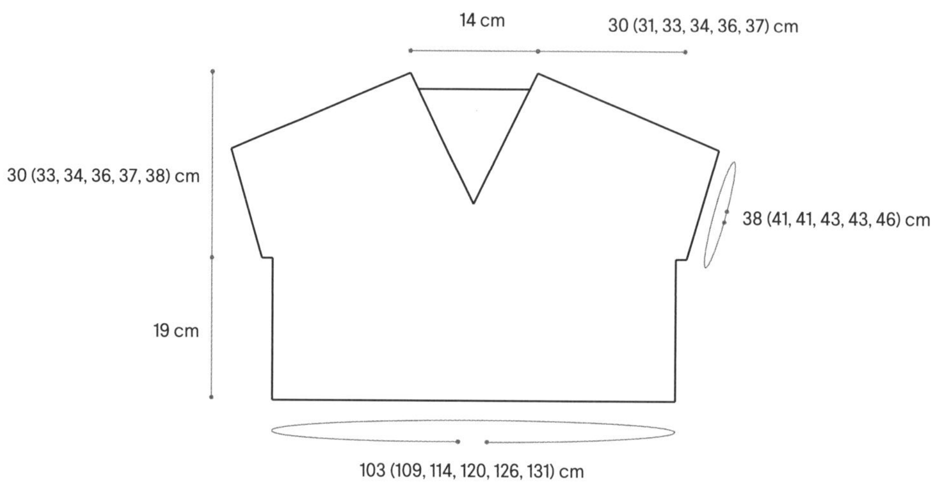

Hinweise

Bei diesem ärmellosen Kleidungsstück stricken Sie zunächst den oberen Rücken vom Halsausschnitt bis zum Armloch. Dann nehmen Sie für das linke VT M von der linken Schulter auf und wdh dies für das rechte VT. RT und VT werden nun zusammengeführt und der Rumpf nahtlos nach unten gestrickt. Sie brauchen weder Vorlage noch farbige Markierer.

Im oberen Rücken erfolgen die Schulterzunahmen durch U. Dadurch ergibt sich ein Lochmuster an der Zunahmenaht (zu sehen auf S. 81). Wenn Sie das nicht möchten, können Sie in den Hin-R die U durch KLL und KRL und in den Rück-R durch PLL und PRL ersetzen (gilt für alle Anleitungen im Buch).

Anleitung

Abschnitt I

Oberer Rücken

Mit der größten Nadelstärke (Rundnadel, 100 cm) 20 M für den oberen Rücken anschlagen.
Grund-R (Rück-R): Alle M li.
R 1 (Hin-R): 3 M re, U, bis 3 M vor R-Ende re, U, 3 M re. (2 M zugen)
R 2 (Rück-R): 3 M li, U, bis 3 M vor R-Ende li, U, 3 M li. (2 M zugen)
Diese beiden R 21× (22×, 23×, 24×, 25×, 26×) str = 42 (44, 46, 48, 50, 52) Zun-R insgesamt = 104 (108, 112, 116, 120, 124) M.

ABNAHMEN FÜR RÜCKENTEIL

HINWEIS: M stets wie zum Linksstr abheben.

Grund-R 1 (Hin-R): 2 M re zus-str, 2× [1 M re, 1 M li], bis 6 M vor R-Ende re, 2× [1 M li, 1 M re], SSK. 2 M abgen. = 102 (106, 110, 114, 118, 122) M.

Grund-R 2 (Rück-R): 1 M li verschr, 2 M abh (FvdA), 1 M re, 1 M li, 1 M re, bis 5 M vor R-Ende li, 1 M re, 1 M li, 1 M re, 1 M abh (FvdA), 1 M re verschr.

R 1 (Hin-R): 1 M abh (FvdA), 2× [1 M re, 1 M li], SSK, bis 7 M vor R-Ende re, 2 M re zus-str, 2× [1 M li, 1 M re], 1 M abh (FvdA). 2 M abgen.

R 2 (Rück-R): 1 M re, 1 M abh (FvdA), 1 M re, 1 M li, 1 M re, bis 5 M vor R-Ende li, 1 M re, 1 M li, 1 M re, 1 M abh (FvdA), 1 M re.

Diese beiden R 9× str = 18 M abgen. = 84 (88, 92, 96, 100, 104) M.
M stilllegen, Faden abschn.

Abschnitt II

Schultern

LINKE SCHULTER

RT so halten, dass die VS vorn, stillgelegte M unten und Anschlag-R oben ist. Mit dünner Nadel die Querfäden am linken Außenrand neben der Anschlag-R nach der Methode auf S. 120 aufnehmen. Mit der VS nach oben über diese 43 (45, 47, 49, 51, 53) M re verschr str.

Grund-R (Rück-R): 1 M re, 1 M abh (FvdA), 1 M re, 1 M li, 1 M re, bis 2 M vor R-Ende li, 1 M re, 1 M abh (FvdA).

R 1 (Hin-R): 1 M re, 1 M abh (FvdA), bis 5 M vor R-Ende re, 2× [1 M li, 1 M re], 1 M abh (FvdA).

R 2 (Rück-R): 1 M re, 1 M abh (FvdA), 1 M re, 1 M li, 1 M re, bis 2 M vor R-Ende li, 1 M re, 1 M abh (FvdA).

Diese beiden R str, bis die Arbeit 20 (23, 23, 23, 25, 25) cm von der Aufnahme-R misst bzw. bis zur gewünschten Schultertiefe, mit Rück-R enden. M stilllegen.

RECHTE SCHULTER

RT so halten, dass VS vorn, stillgelegte M unten und Anschlag-R oben liegt. Mit dünner Nadel die Querfäden am rechten Außenrand neben der Anschlag-R nach der Methode auf S. 120 aufnehmen. Mit der VS nach oben über diese 43 (45, 47, 49, 51, 53) M re verschr str.

Grund-R (Rück-R): 1 M abh (FvdA), 1 M re, bis 5 M vor R-Ende li, 1 M re, 1 M li, 1 M re, 1 M abh (FvdA), 1 M re.

R 1 (Hin-R): 1 M abh (FvdA), 2× [1 M re, 1 M li], bis 2 M vor R-Ende re, 1 M abh (FvdA), 1 M re.

R 2 (Rück-R): 1 M abh (FvdA), 1 M re, bis 5 M vor R-Ende li, 1 M re, 1 M li, 1 M re, 1 M abh (FvdA), 1 M re.

Diese beiden R str, bis die Arbeit wie an der linken Schulter 20 (23, 23, 23, 25, 25) cm von der Aufnahme-R misst, mit Rück-R enden.

HALSAUSSCHNITT SCHLIESSEN

Nächste R (Hin-R): Über das rechte VT M str, wie sie erscheinen, bis noch 2 M auf der Nadel sind. Mit dem linken VT hinter der linken Nadel 2× [Nadel in 1. M des rechten VT, dann in 1. M des linken VT stechen, diese M re zus-str], linkes VT abstr = 84 (88, 92, 96, 100, 104) M.

R 1 (Rück-R): 1 M re, 1 M abh (FvdA), 1 M re, 1 M li, 1 M re, bis 5 M vor R-Ende li, 1 M re, 1 M li, 1 M re, 1 M abh (FvdA), 1 M re.
R 2 (Hin-R): 1 M abh (FvdA), 2× [1 M re, 1 M li], bis 5 M vor R-Ende re, 2× [1 M li, 1 M re], 1 M abh (FvdA).

Diese beiden R str, bis die Arbeit 24 (27, 28, 29, 30, 32) cm von der Aufnahme-R misst, bzw. bis zur gewünschten Armlochtiefe, mit Rück-R enden. Zum Abmessen der Armlochtiefe die Arbeit so legen, dass die Nadel-M von RT und VT aufeinanderliegen (wie es später getragen wird), und Höhe der Außen-/Armlochkanten messen. Die Aufnahme-R der linken und rechten Schulter verläuft nicht auf der Schulter, sondern eher in Richtung Rücken. Die empfohlene Armlochtiefe beträgt 18 (20, 22, 23, 24, 25) cm.

Abschnitt III

Vorder- und Rückenteil verbinden

Nächste R (Hin-R): Zu kürzerer Rundstricknadel wechseln. 6 M str, wie sie erscheinen, diese 6 M stilllegen, über das VT bis 6 M vor R-Ende str, letzte 6 M des VT und erste 6 M des RT stilllegen. Rd-Beg (linke S.) mit MM markieren, über das RT bis 6 M vor R-Ende str, letzte 6 M des RT stilllegen = je 72 (76, 80, 84, 88, 92) M in VT und RT.

In Rd 18 cm oder bis zur gewünschten Länge glatt re str.

SAUM

Zu Rundstricknadel 5,5 mm wechseln. 2 Rd li. Wenn Sie nicht in Rd links str möchten, in die 1. M einen Shadow-Wrap arb. Wenden und 2 Rd re, dabei den Shadow-Wrap mit der Mutter-M zus-str.

Mit Nadelstärke 4 mm nach Jenys Methode (siehe S. 128) re abk.

Fertigstellen

Achselöffnungen im Maschenstich schließen (beide Seiten identisch arb): 6 stillgelegte M von VT und RT wieder auf 2 Nadeln legen und im Maschenstich schließen (siehe S. 136).
Fadenenden vernähen, Pullover spannen.

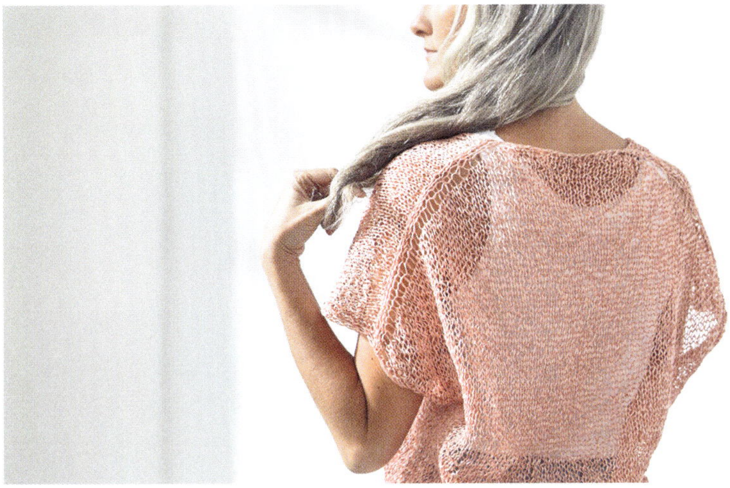

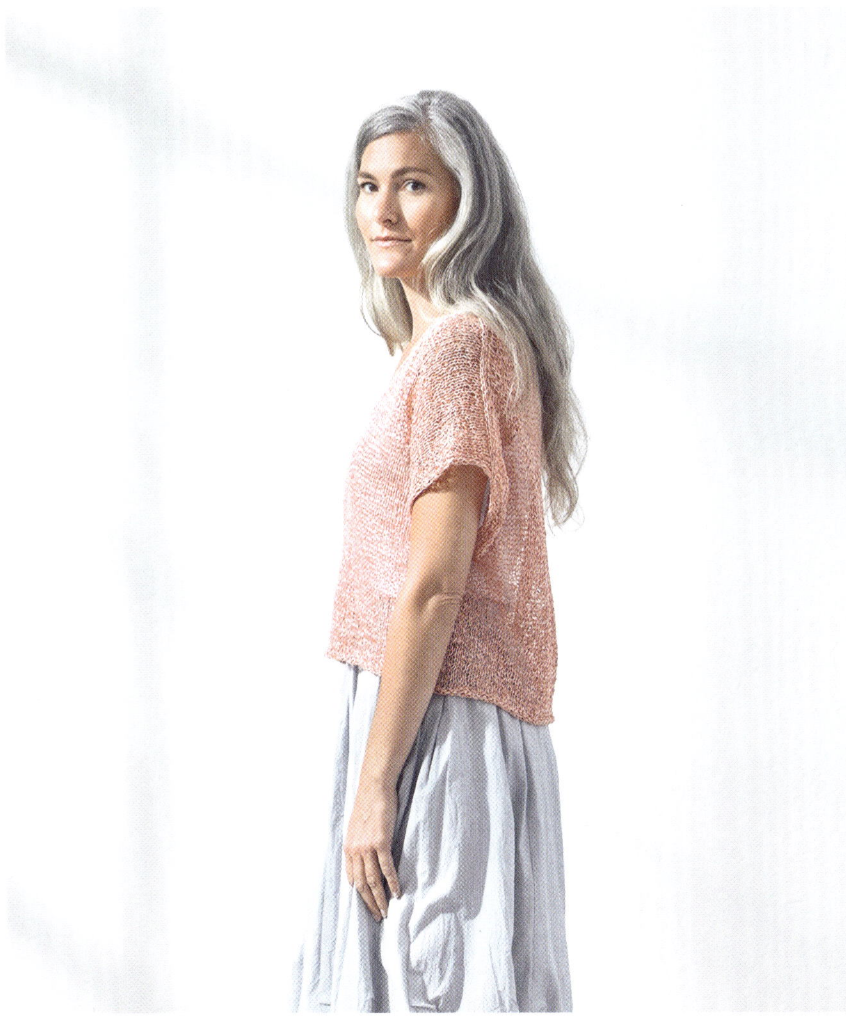

Tallulah

Überblick

Tallulah sieht aus wie eine kraus rechts gestrickte Jacke, ist aber konstruiert wie ein Schultertuch mit Armlöchern. Mit diesem Projekt lässt sich gut üben, wie man die Maschen hinten an den Schultern aufnimmt, um daraus die Vorderteile zu stricken. Anschließend werden alle Teile auf Achselhöhe zusammengebracht und nahtlos weitergestrickt. Da Sie bei Tallulah keine Ärmel stricken (die „Ärmel" sind eigentlich überschnittene Schultern), brauchen Sie die Cocoknits-Vorlage hier nicht. Tallulah kann offen getragen oder mit einer Brosche oder Nadel geschlossen werden.

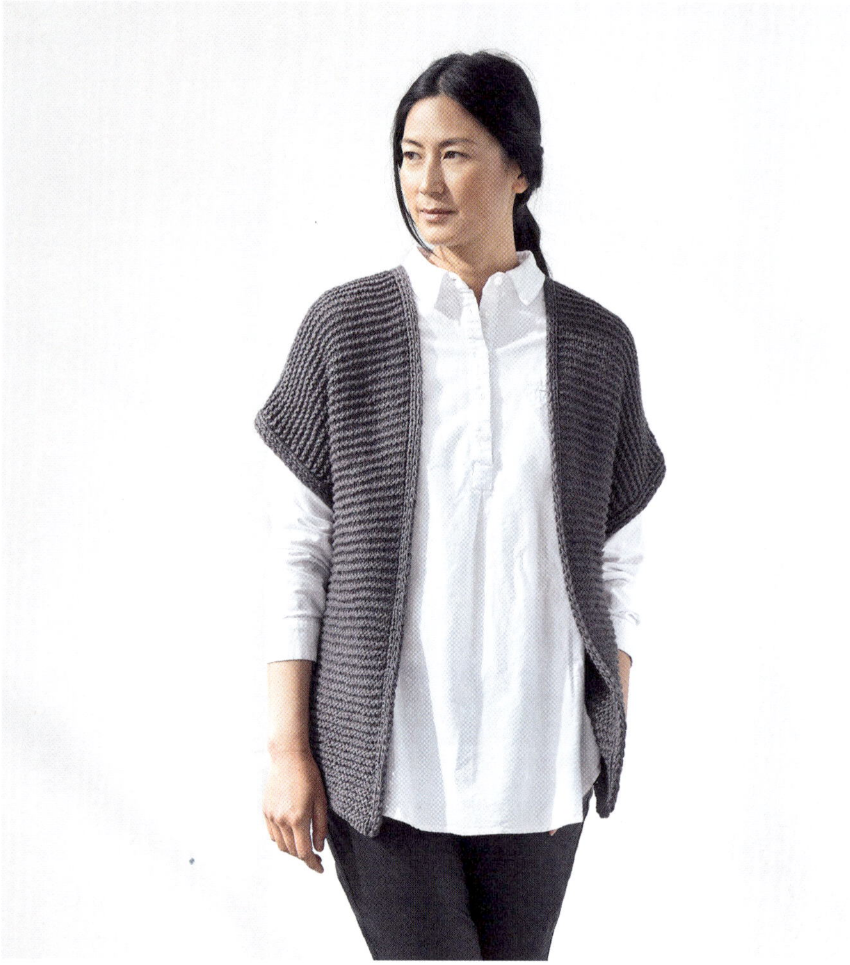

Größen

S (M, L, XL, 2XL, 3XL)

Fertige Maße

Brustumfang: 122 (128, 136, 142, 149, 156) cm
Armlochumfang: 38 (41, 41, 43, 43, 46) cm
Länge: 62 (63, 63, 64, 64, 66) cm

Garn

525 (570, 615, 660, 710, 750) m mittelstarkes Garn

Blue Sky Fibers „Organic Cotton"
100 % Biobaumwolle, LL 138 m/100 g
4 (5, 5, 6, 6, 6) Knäuel in Graphite (Farbe 625)

Nadeln

2 Rundstricknadeln 6 mm (bzw. eine Größe, die der Maschenprobe entspricht), Länge 60 cm oder länger (mehr zur Länge auf S. 19), Nadeln 4 mm zum Abketten
Nadelspielnadeln 2–3,25 mm oder Rundstricknadel beliebiger Länge (zum Aufnehmen von Maschen)

Zubehör

Maschenmarkierer (beliebige Farbe)
Hilfsnadeln oder Wollreste zum Stilllegen der Achselmaschen
Reihenzähler (optional)

Maschenprobe

12 M × 22 R = 10 × 10 cm kraus re mit stärksten Nadeln (nach dem Spannen)

HINWEIS: Falls die genannten Garne nicht (mehr) in Deutschland erhältlich sein sollten, finden Sie auf meiner Website www.cocoknits.com Alternativgarne. Gehen Sie dazu zur Rubrik „Patterns" und klicken Sie das jeweilige Modell an. Die Alternativen sind dort ggf. aufgeführt.

Passform und Stil

Die Unterkanten der „Ärmel" lenken den Blick diagonal auf die schmalste Stelle Ihres Körpers direkt unter der Brust, zur wichtigen Zwei-Drittel-Linie (siehe S. 41).

KRÄFTIGE HÜFTEN

- Achten Sie darauf, dass das Modell entweder über den Hüften endet oder lang genug ist, um sie zu bedecken. Bei mehr Länge könnten Sie an jedem Seitenmarkierer Maschen zunehmen, um Platz für die Hüften zu schaffen.
- Eine helle Farbe, die Ihnen gut steht, gleicht Ihren schwereren Unterkörper optisch aus.
- Schließen Sie Tallulah mit einer stylishen auffälligen Brosche.

GROSSE OBERWEITE ODER KRÄFTIGE TAILLE

- Stricken Sie das Modell in einer dunklen Farbe und tragen Sie es offen, um den Oberkörper optisch schlanker zu machen.
- Lassen Sie Tallulah dort enden, wo Ihr Körper am schmalsten ist: unter der Taille im Hüftbereich.

Schemazeichnung

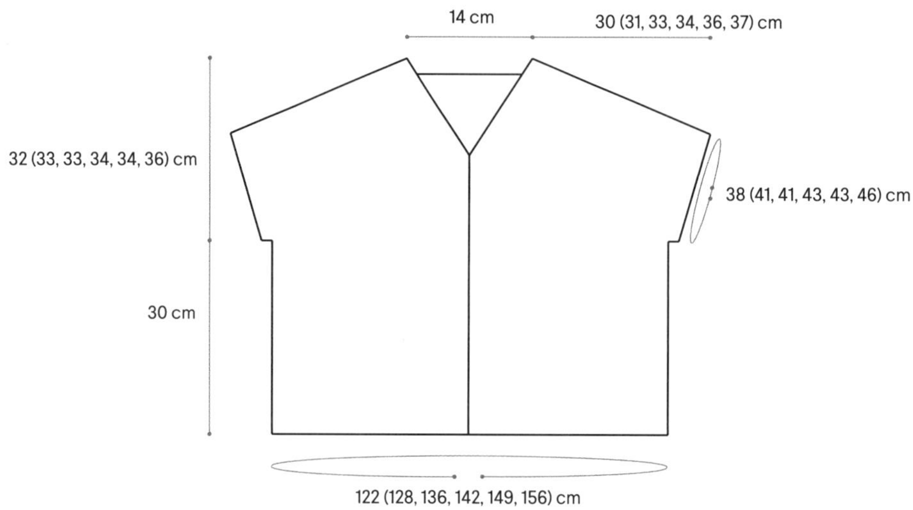

Hinweise

Bei diesem ärmellosen Kleidungsstück stricken Sie zunächst den oberen Rücken vom Halsausschnitt bis zum Armloch. Dann nehmen Sie für das rechte VT M von der rechten Schulter auf und wdh dies für das linke VT. RT und VT werden nun zusammengeführt und der Rumpf nahtlos nach unten gestrickt. Sie brauchen weder Vorlage noch farbige Markierer.

Im oberen Rücken erfolgen die Schulterzunahmen durch U. Dadurch ergibt sich ein Lochmuster an der Zunahmenaht (zu sehen auf S. 87). Wenn Sie das nicht möchten, können Sie in den Hin-R die U durch KLL und KRL und in den Rück-R durch PLL und PRL ersetzen (gilt für alle Anleitungen im Buch).

Anleitung

Abschnitt I

Oberer Rücken

Mit der größten Nadelstärke 20 M für den oberen Rücken anschlagen.
Grund-R (Rück-R): Alle M li.
R 1 (Hin-R): 3 M re, U, bis 3 M vor R-Ende re, U, 3 M re. (2 M zugen)
R 2 (Rück-R): 3 M li, U, bis 3 M vor R-Ende re, U, 3 M li. (2 M zugen)
Diese beiden R 21× (22×, 23×, 24×, 25×, 26×) str = 42 (44, 46, 48, 50, 52) Zun-R insgesamt = 104 (108, 112, 116, 120, 124) M.

ABNAHMEN FÜR RÜCKENTEIL

HINWEIS: M stets wie zum Linksstr abheben.
Grund-R 1 (Hin-R): 2 M re zus-str, 2× [1 M re, 1 M li], bis 6 M vor R-Ende re, 2× [1 M li, 1 M re], SSK. 2 M abgen. = 102 (106, 110, 114, 118, 122) M.

Grund-R 2 (Rück-R): 1 M li verschr, 1 M abh (FvdA), 1 M re, 1 M li, bis 4 M vor R-Ende re, 1 M li, 1 M re, 1 M abh (FvdA), 1 M re verschr.
R 1 (Hin-R): 1 M abh (FvdA), 2× [1 M re, 1 M li], SSK, bis 7 M vor R-Ende re, 2 M re zus-str, 2× [1 M li, 1 M re], 1 M abh (FvdA). 2 M abgen.
R 2 (Rück-R): 1 M re, 1 M abh (FvdA), 1 M re, 1 M li, bis 4 M vor R-Ende re, 1 M li, 1 M re, 1 M abh (FvdA), 1 M re.
Diese beiden R 9× str = 84 (88, 92, 96, 100, 104) M.
M stilllegen, Faden abschneiden.

Abschnitt II

Schultern

RECHTE SCHULTER

RT so halten, dass VS vorn, stillgelegte M unten und Anschlag-R oben liegt. Mit dünner Nadel die Querfäden am rechten Außenrand neben der Anschlag-R nach der Methode auf S. 120 aufnehmen. Mit der VS nach oben über diese 43 (45, 47, 49, 51, 53) M re verschr str.
Nächste R (Rück-R): 1 M re, 1 M abh (FvdA), 1 M re, 1 M li, bis 4 M vor R-Ende re, 1 M li, 1 M re, 1 M abh (FvdA), 1 M re.
R 1 (Hin-R): 1 M abh (FvdA), 2× [1 M re, 1 M li], bis 5 M vor R-Ende re, 2× [1 M li, 1 M re], 1 M abh (FvdA).

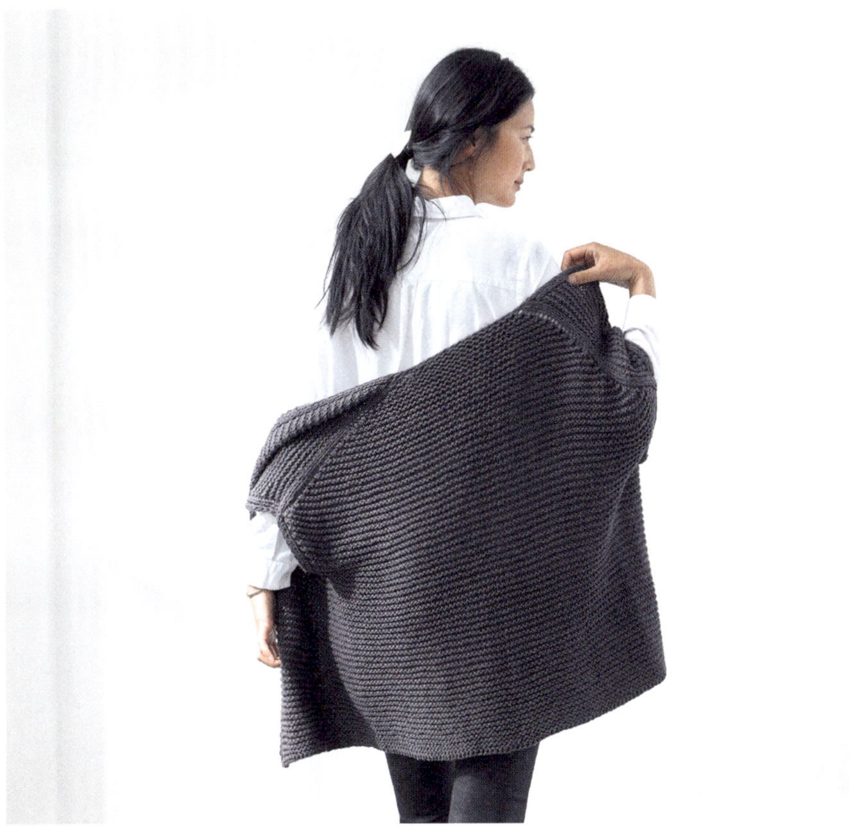

R 2 (Rück-R): 1 M re, 1 M abh (FvdA), 1 M re, 1 M li, bis 4 M vor R-Ende re, 1 M li, 1 M re, 1 M abh (FvdA), 1 M re.
Diese beiden R str, bis die Arbeit 23 (25, 25, 25, 27, 27) cm von der Aufnahme-R misst bzw. bis zur gewünschten Armlochtiefe, mit Rück-R enden.

LINKE SCHULTER

RT so halten, dass die VS vorn, stillgelegte M unten und Anschlag-R oben ist. Mit dünner Nadel die Querfäden am linken Außenrand neben der Anschlag-R nach der Methode auf S. 120 aufnehmen. Mit der VS nach oben über diese 43 (45, 47, 49, 51, 53) M re verschr.
Nächste R (Rück-R): 1 M re, 1 M abh (FvdA), 1 M re, 1 M li, bis 4 M vor R-Ende re, 1 M li, 1 M re, 1 M abh (FvdA), 1 M re.
R 1 (Hin-R): 1 M abh (FvdA), 2× [1 M re, 1 M li], bis 5 M vor R-Ende re, 2× [1 M li, 1 M re], 1 M abh (FvdA).
R 2 (Rück-R): 1 M re, 1 M abh (FvdA), 1 M re, 1 M li, bis 4 M vor R-Ende re, 1 M li, 1 M re, 1 M abh (FvdA), 1 M re.
Diese beiden R str, bis die Arbeit wie an der rechten Schulter 23 (25, 25, 25, 27, 27) cm von der Aufnahme-R misst.

Abschnitt III

Vorderteile und Rückenteil verbinden

Nächste R (Hin-R): Über das linke VT M str, wie sie erscheinen, bis noch 6 M auf der Nadel sind, diese 6 M stilllegen. Erste 6 M des RT stilllegen, über das RT bis 6 M vor R-Ende str, letzte 6 M des RT stilllegen. Erste 6 M des rechten VT stilllegen und über das rechte VT M str, wie sie erscheinen = 72 (76, 80, 84, 88, 92) M im RT, je 37 (39, 41, 43, 45, 47) M im VT = 146 (154, 162, 170, 178, 186) M insgesamt.
Kraus re mit Rippenmuster vorn str, bis der Rumpf 30 cm bzw. die gewünschte Länge misst. Bei längerer Ausführung Hüftzunahmen einarb. Dazu MM setzen wie folgt: 37 (39, 41, 43, 45, 47) M re (VT), MM setzen, 72 (76, 80, 84, 88, 92) M re (RT), MM setzen, bis R-Ende re.

Zunahme-R: In Hin-R *bis 4 M vor MM re, aus 1 M 2 M re herausstr, 3 M re, MM abh, 2 M re, aus 1 M 2 M re herausstr, ab * 1× wdh, R beenden. Diese Zunahme bis zur gewünschten Hüftbreite in jeder 4. oder 6. Hin-R wdh. (Abgebildetes Modell ohne seitliche Zunahmen.)

Mit Nadelstärke 4 mm nach Jenys Methode (siehe S. 128) abk.

Fertigstellen

Achselöffnungen im Maschenstich schließen (beide Seiten identisch arb): 6 stillgelegte M von VT und RT wieder auf 2 Nadeln legen und im Maschenstich schließen (siehe S. 136).
Fadenenden vernähen, Pullover spannen.

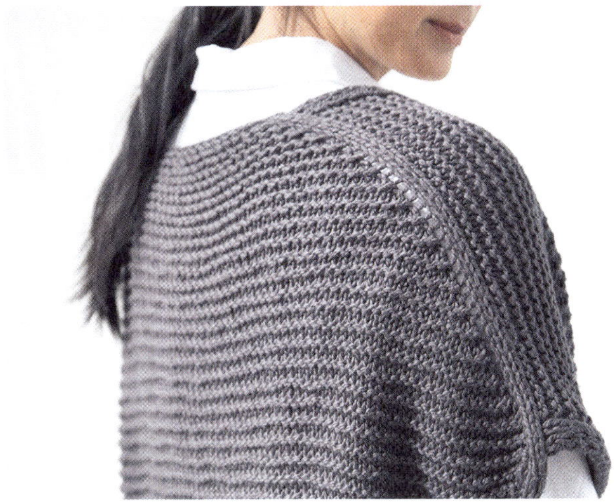

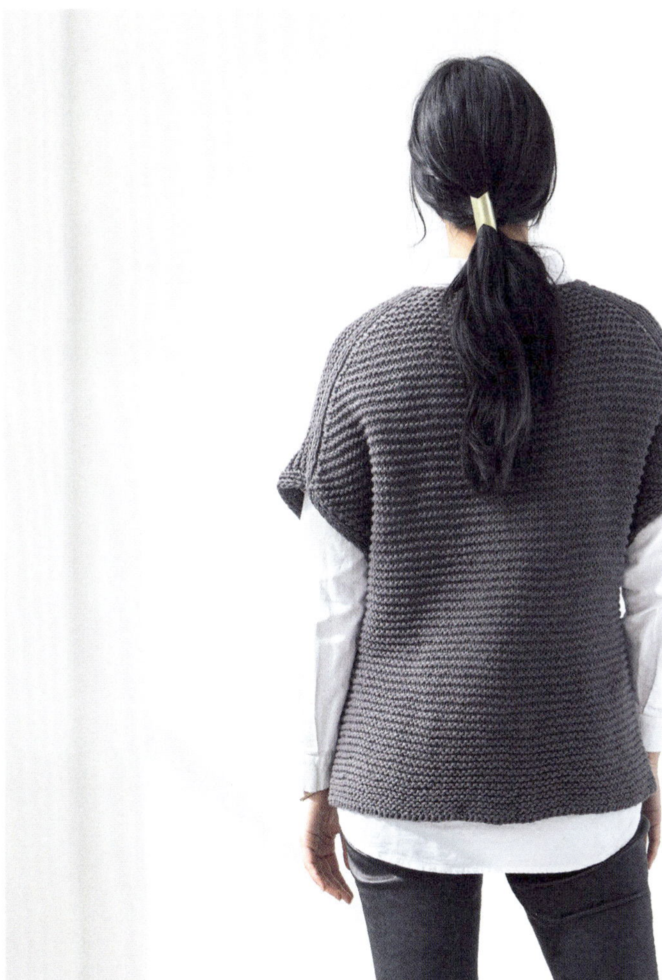

Lizzie

Überblick

Die langen Zipfel vorn an diesem luftig-leichten Überwurfjäckchen lockern die waagerechte Unterkante auf und sorgen so dafür, dass es jeder Figur schmeichelt. Weil der kleine Kragen am hinteren Halsausschnitt gleich zu Beginn mitgestrickt wird, brauchen Sie nach Fertigstellung des Rumpfes nicht noch einmal Maschen aufzunehmen. Der bereits gestrickte Kragen wird nur noch am hinteren Halsausschnitt festgenäht. Das ist der Clou bei der Cocoknits-Methode!

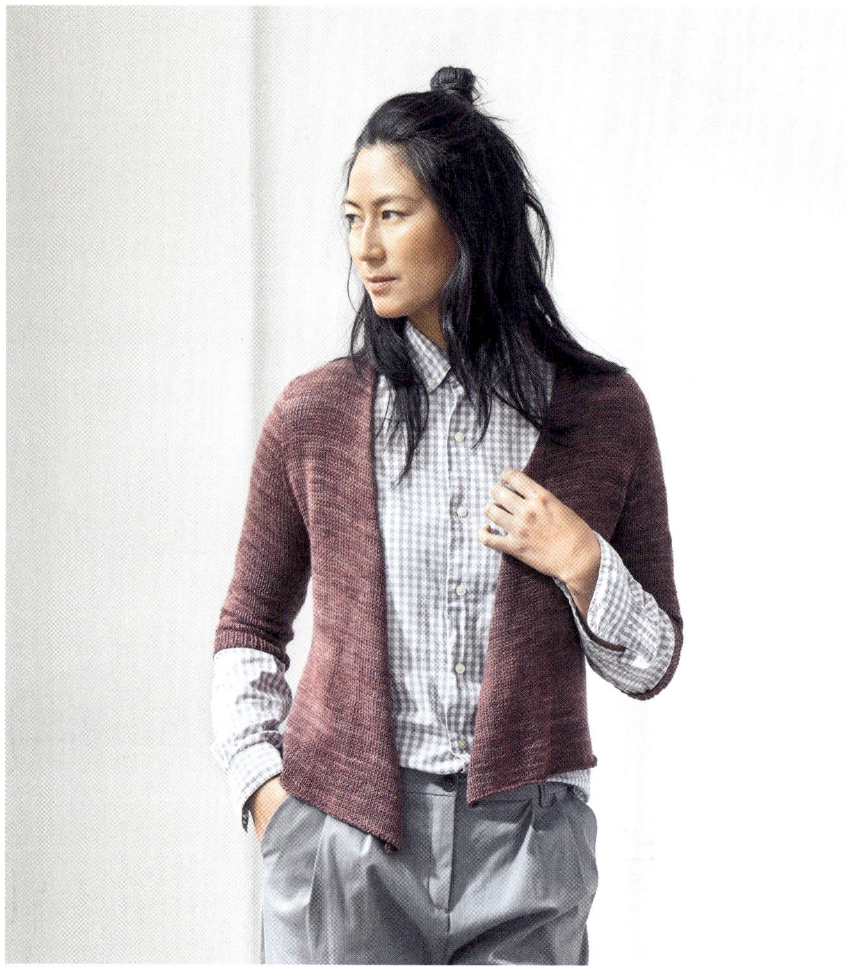

Größen

S (M, L, XL, 2XL, 3XL)

Fertige Maße

Brustumfang: 86 (96, 106, 118, 128, 138) cm
Länge: 43 (46, 48, 49, 51, 52) cm

Garn

640 (730, 870, 1000, 1100, 1280) m extrafeines Garn

A Verb For Keeping Warm „Annapurna“
80 % Superwash Merino, 10 % Kaschmir, 10 % Nylon, LL 350 m/113 g
2 (2, 3, 3, 4, 4) Knäuel in Mollusk

Twirl „Twirling Petals“
Schurwolle (California Red), Alpaka, Mohair, LL 137 m/50 g
5 (6, 7, 8, 9, 10) Knäuel in Drunken Eucalyptus

Nadeln

Rundstricknadel 4 mm (bzw. eine Größe, die der Maschenprobe entspricht), Länge 100 cm oder länger (Informationen zur Länge auf S. 19)
Rundstricknadel oder Nadelspiel 3,75 mm für die Ärmelbündchen
Nadeln 3,25 mm zum Abketten
Nadelspielnadeln 2–3,25 mm oder Rundstricknadel beliebiger Länge (zum Aufnehmen von Maschen)

Zubehör

6 Maschenmarkierer in verschiedenen Farben
2 zusätzliche Rundstricknadeln oder Wollreste zum Stilllegen der Ärmelmaschen
Wollreste oder zusätzliche Nadeln für PMA
Reihenzähler (optional)
Vorlage Cocoknits-Pullover

Maschenprobe

20 M × 28 R = 10 × 10 cm re mit stärksten Nadeln

HINWEIS: Falls die genannten Garne nicht (mehr) in Deutschland erhältlich sein sollten, finden Sie auf meiner Website www.cocoknits.com Alternativgarne. Gehen Sie dazu zur Rubrik „Patterns“ und klicken Sie das jeweilige Modell an. Die Alternativen sind dort ggf. aufgeführt.

Passform und Stil

KRÄFTIGE HÜFTEN

- Stricken Sie die Jacke in einer hellen oder leuchtenden Farbe, die Ihrem Gesicht schmeichelt, um den Blick nach oben zu lenken.
- Achten Sie darauf, dass die gerade Unterkante der Jacke weit genug oben sitzt, damit das Rückenteil über Ihrer breitesten Stelle endet!
- Die Ärmel sollten an der schmalsten Stelle Ihres Körpers enden, um Ihre schlanke Taille zu betonen.

GROSSE OBERWEITE ODER KRÄFTIGE TAILLE

- Lizzie sorgt für eine wunderbar schlank machende senkrechte Linie über Ihrem ganzen Oberkörper.
- Stricken Sie das Modell in einer dunklen Farbe, die Ihnen gut steht.
- Stricken Sie die Jacke lang genug, damit sie unter Ihrer Körpermitte bzw. dem kräftigsten Teil Ihres Körpers endet.
- Die Ärmel sollten direkt unter der Brust (Ihrer schmalsten Stelle) oder an den Hüften (einem relativ schmalen Teil Ihres Körpers) enden.

Schemazeichnung

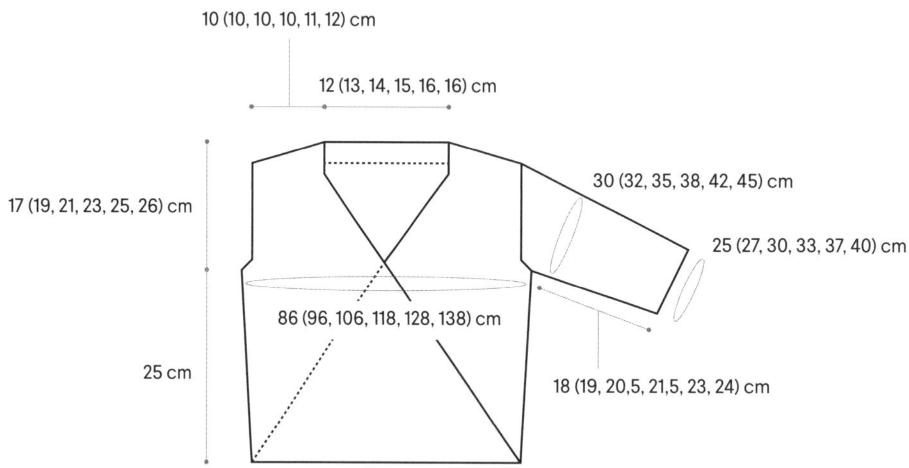

Anleitung

Abschnitt I

Oberer Rücken

Mit der größten Nadelstärke 24 (26, 28, 30, 32, 32) M für den oberen Rücken anschl.

Grund-R (Rück-R): 2 M li, MM setzen, bis 2 M vor R-Ende li, MM setzen, 2 M li.

R 1 (Hin-R): 2 M re, MM abh, 1 M re, KLL, weiter re bis 1 M vor nächstem MM, KRL, 1 M re, MM abh, 2 M re. (2 M zugen)

R 2: 2 M li, MM abh, 1 M li, PLL, weiter li bis 1 M vor nächstem MM, PRL, 1 M li, MM abh, 2 M li. (2 M zugen)

Diese 2 R 10× (10×, 10×, 10×, 11×, 12×) arb = 20 (20, 20, 20, 22, 24) Form-R, 64 (66, 68, 70, 76, 80) M. Faden abschn und M stilllegen (siehe S. 19).

Abschnitt II

Schultern

HINWEIS: Die Kragenteile werden auf einem provisorischen Maschenanschlag (PMA) vorgestrickt wie unten beschrieben, dann beim Anlegen der Schultern in Abschnitt II parallel zum rechten und linken VT re gestr. Später nähen Sie die Seitenkante des Kragens an den hinteren Halsausschnitt.

RECHTEN KRAGEN VORBEREITEN

Mit 2 Nadeln (4 mm) 13 M nach Judys Methode (siehe S. 113) provisorisch anschlagen. Mit der VS nach oben nur über 1× 13 M den rechten Kragen arb (die anderen 13 M werden für den linken Kragen verwendet).

R 1 (Hin-R): 10 M re, 3 M li.

R 2 (Rück-R): 1 M abh (FhdA), 2 M re, 10 M li.

Diese 2 R 9× (10×, 11×, 12×, 13×, 13×) arb = 18 (20, 22, 24, 26, 26) R insgesamt. Faden abschn, M stilllegen.

RECHTE SCHULTER

Oberen Rücken (aus Abschnitt I) so halten, dass VS vorn, stillgelegte M unten und Anschlag-R oben liegen. Mit dünner Nadel die Querfäden am rechten Außenrand neben der Anschlag-R nach der Methode auf S. 120 aufnehmen. Über diese M re verschr str, dabei gleichmäßig auf 20 (20, 20, 20, 22, 24) Schulter-M abn (je 2 M re verschr zus-str).

Faden nicht abschn und weiter über die 13 M Hin-R des rechten Kragens str: 2 M re zus-str (entfernt die Rand-M, die am hinteren Halsausschnitt angenäht wird), im Muster über rechten Kragen str. Schulter und rechter Kragen zus: 32 (32, 32, 32, 34, 36) M.
Grund-R (Rück-R): 1 M abh (FhdA), 2 M re, bis R-Ende li.
R 1 (Hin-R): Bis 3 M vor R-Ende re, 3 M li.
R 2 (Rück-R): 1 M abh (FhdA), 2 M re, bis R-Ende li.
Diese 2 R 9× (9×, 9×, 9×, 10×, 11×) arb = 20 (20, 20, 20, 22, 24) R ab Aufnahme. Faden lang abschn, M stilllegen.

LINKEN KRAGEN VORBEREITEN

Mit der RS nach oben Faden am PMA-Rand des Kragens ansetzen.
R 1 (Rück-R): 10 M li, 3 M re.
R 2 (Hin-R): 1 M abh (FvdA), 2 M li, 10 M re.
Diese 2 R 8× (9×, 10×, 11×, 12×, 12×) arb = 16 (18, 20, 22, 24, 24) R insgesamt. R 1 wdh.
Nächste R (Hin-R): Bis 2 M vor R-Ende str, SSK (1 M abgen).
Faden nicht abschn, M stilllegen.

LINKE SCHULTER

Mit dünner Nadel am linken Außenrand neben der Anschlag-R M nach der Methode auf S. 120 aufnehmen. Mit Arbeitsgarn und Nadel vom linken Kragen weiterstr, über linke Schulter re verschr str, dabei gleichmäßig auf 20 (20, 20, 20, 22, 24) M abn (je 2 M re verschr zus-str). Linke Schulter und Kragen zus: 32 (32, 32, 32, 34, 36) M.
Grund-R (Rück-R): Bis 3 M vor R-Ende li, 3 M re.
R 1 (Hin-R): 1 M abh (FvdA), 2 M li, bis R-Ende re.
R 2 (Rück-R): Bis 3 M vor R-Ende li, 3 M re.
Diese 2 R 9× (9×, 9×, 9×, 10×, 11×) arb = 20 (20, 20, 20, 22, 24) R ab Aufnahme. Faden nicht abschn.

HINWEIS: Unter „Fertigstellen" nähen Sie zum Schluss den Seitenrand des Kragens an die Anschlag-R des oberen Rückens. Sie können ihn so lange mit Klammern sichern, Sie können die Lücke aber auch jederzeit schließen, bevor die Jacke fertig ist, wenn es Ihnen hilft, sich die fertige Arbeit besser vorzustellen.

Abschnitt III

Teile verbinden und Armkugeln stricken

Die Ecken mit der abgewandelten Magic-Loop-Methode str (S. 123).

R 1 (Hin-R): Über 30 (30, 30, 30, 32, 34) M (linke Schulter) im Muster str, SSK. Mit dünner Nadel die Querfäden am Außenrand der linken Schulter aufnehmen. Über diese M re verschr str, dabei gleichmäßig auf 16 (16, 16, 16, 20, 22) M abn; diese M bilden die linke Armkugel. Über die Rücken-M wie folgt str: 2 M re zus-str, MM entfernen, 60 (62, 64, 66, 72, 76) M re, MM entfernen, SSK. Mit dünner Nadel die Querfäden am Außenrand der rechten Schulter aufnehmen, re verschr str, dabei gleichmäßig auf 16 (16, 16, 16, 20, 22) M abn; diese M bilden die rechte Armkugel. Über die rechte Schulter wie folgt str: 2 M re zus-str, 30 (30, 30, 30, 32, 34) M str, wie sie erscheinen.

MASCHENMARKIERER SETZEN

R 2 (Rück-R): Am rechten VT 3 Rand-M im Muster str, MM (gelb) setzen, 28 (28, 28, 28, 30, 32) M li, MM (violett) setzen, 16 (16, 16, 16, 20, 22) M li (Ärmel), MM (blau) setzen, 62 (64, 66, 68, 74, 78) M li (Rücken), MM (orange) setzen, 16 (16, 16, 16, 20, 22) M li (Ärmel), MM (grün) setzen, 28 (28, 28, 28, 30, 32) M li (linkes VT) , MM (rot) setzen, 3 Rand-M im Muster. Beachten Sie, dass die 3 Halsrand-M an jedem Ende zu den VT gezählt werden.

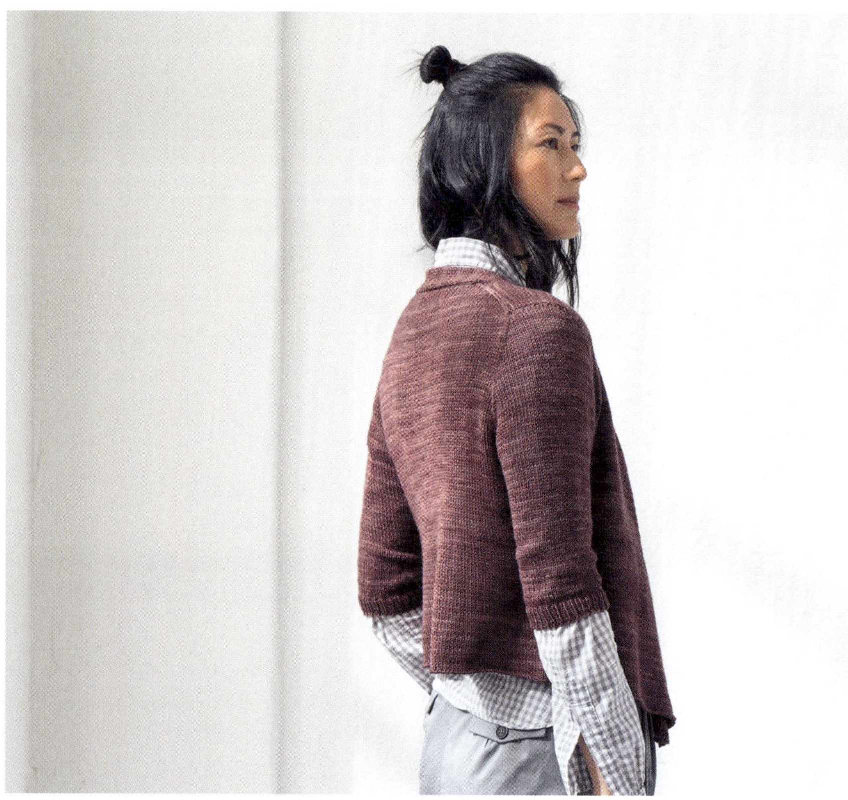

Abschnitt IV

Passe nach der Vorlage fertigstellen

ALLE ABSCHNITTE DER VORLAGE WIE FOLGT AUSFÜLLEN:
Anfangsmaschenzahl für jeden Abschnitt/jede Spalte:
Linker und rechter Ärmel: 16 (16, 16, 16, 20, 22) M.
Rückenteil: 62 (64, 66, 68, 74, 78) M.
Linkes und rechtes VT (einschl. Kragen und Rand-M):
31 (31, 31, 31, 33, 35) M.

Die Passe wird über 34 (40, 46, 50, 54, 58) R gestrickt; ziehen Sie in Ihrer Vorlage unter dieser R eine Linie.

ÄRMEL
An jedem Ärmelrand in jeder Hin-R 17× (9×, 11×, 25×, 27×, 29×), in jeder 4. R 0× (1×, 1×, 0×, 0×, 0×), dann in jeder Hin-R 0× (9×, 10×, 0×, 0×, 0×) zun = 50 (54, 60, 66, 74, 80) M für jeden Ärmel.

RÜCKENTEIL
In den letzten 14 (22, 30, 40, 44, 50) Passe-R an den Armlochrändern in jeder Hin-R 7× (11×, 15×, 20×, 22×, 25×) zun = 76 (86, 96, 108, 118, 128) M.

VORDERTEILE
ARMAUSSCHNITTE
In den letzten 14 (22, 30, 40, 44, 50) Passe-R am Armlochrand an jedem VT in jeder Hin-R 7× (11×, 15×, 20×, 22×, 25×) zun.

HALSAUSSCHNITT
An den Halsrändern (Anfang und Ende der R) auf der VS in jeder 4. R zun, beginnend in R 1 = 9 (10, 12, 13, 14, 15) Zun = 47 (52, 58, 64, 69, 75) M für jedes VT.

Wenn Sie die Vorlage ausgefüllt haben, die Passe arb und wie angegeben zun: vor MM KRL, 2 M re, nach MM 2 M re, KLL.

Rumpf

Über den gesamten Rumpf weiter an den Halsrändern der VT (Anfang und Ende der R) in jeder 4. R zun.
Beim Abstricken der nächsten R alle MM entfernen.

Nächste R (Hin-R): Mit den Zun an den VT fortfahren, M des linken VT str, *50 (54, 60, 66, 74, 80) Ärmel-M stilllegen. 10 M aufschlingen (siehe Hinweis S. 94), 76 (86, 96, 108, 118, 128) M des RT str, ab * für Ärmel und Achsel der anderen Seite wdh, im Muster bis R-Ende str. 86 (96, 106, 118, 128, 138) M im RT.

HINWEIS: Zum Aufschlingen in der R empfehle ich folgende Methode: 2 M weniger aufschlingen als angegeben (hier: 8 M). In der nächsten Rd aus dem lockeren Querfaden vor und nach dem Maschenanschlag je 1 M re verschr zun. Nun liegt die erforderliche M-Anzahl (10) auf der Nadel und der Anschlag ist gleichmäßiger (siehe S. 115).

M abstr, in der Mitte der neuen Achsel-M jeweils die Rumpfseiten markieren, an den VT-Rändern weiter in jeder 4. R zun, bis der Rumpf 8 cm ab Achselanschlag misst, bzw. bis zur gewünschten Länge. Mit den Taillenabnahmen direkt unter der stärksten Stelle der Brust beginnen.

TAILLE FORMEN

HINWEIS: An den VT-Rändern weiter regelmäßig zun.

Nächste R (Taillenabnahme, Hin-R): *Bis 4 M vor Seiten-MM str, 2 M re zus-str, 2 M re, MM abh, 2 M re, SSK; ab * 1× wdh, R beenden (4 M abgen).
Taillenabn in jeder 6. R noch 2× wdh = 80 (90, 100, 112, 122, 132) M im RT.
Weiterstr (dabei an den VT-Rändern weiter in jeder 4. R zun), bis der Rumpf 25 cm ab Achselanschlag misst bzw. bis zur gewünschten Länge.
Mit Nadelstärke 3,25 mm nach Jenys Methode (siehe S. 128) im einfachen Rippenmuster abk.

Ärmel

Mit Arbeitsnadel im Kreuzanschlag 10 M anschlagen, 50 (54, 60, 66, 74, 80) stillgelegte Ärmel-M re str, 5 neu angeschlagene M re str. Für Rd-Beg MM setzen. Insgesamt liegen 60 (64, 70, 76, 84, 90) M auf der Nadel.
7 Rd re.
Nächste Rd (Ärmelabnahme): 1 M re, SSK, bis 3 M vor Rd-Ende re, 2 M re zus-str, 1 M re (2 M abgen).
Ärmelabnahmen noch 4× in jeder 8. Rd ausführen = 50 (54, 60, 66, 74, 80) M.
Glatt re weiterstr, bis der Ärmel 18 (19, 20.5, 21.5, 23, 24) cm ab Achselanschlag oder die gewünschte Länge misst.
Zu Nadelstärke 3,75 mm wechseln und 2,5 cm im einfachen Rippenmuster str.
Mit Nadelstärke 3,25 mm nach Jenys Methode im Rippenmuster abk.

Fertigstellen

Achselöffnungen im Maschenstich schließen (siehe S. 130). Seitenrand des Kragens an oberen Halsausschnitt nähen.
Fadenenden vernähen, Pullover spannen.

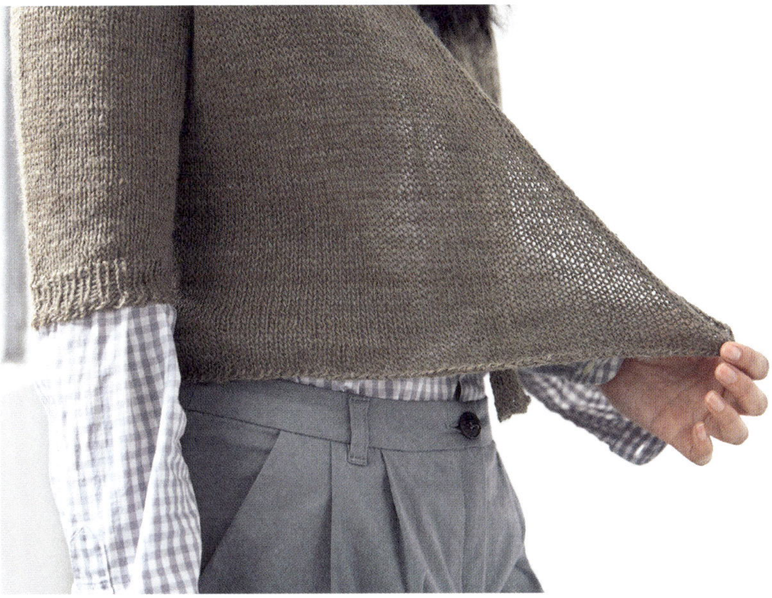

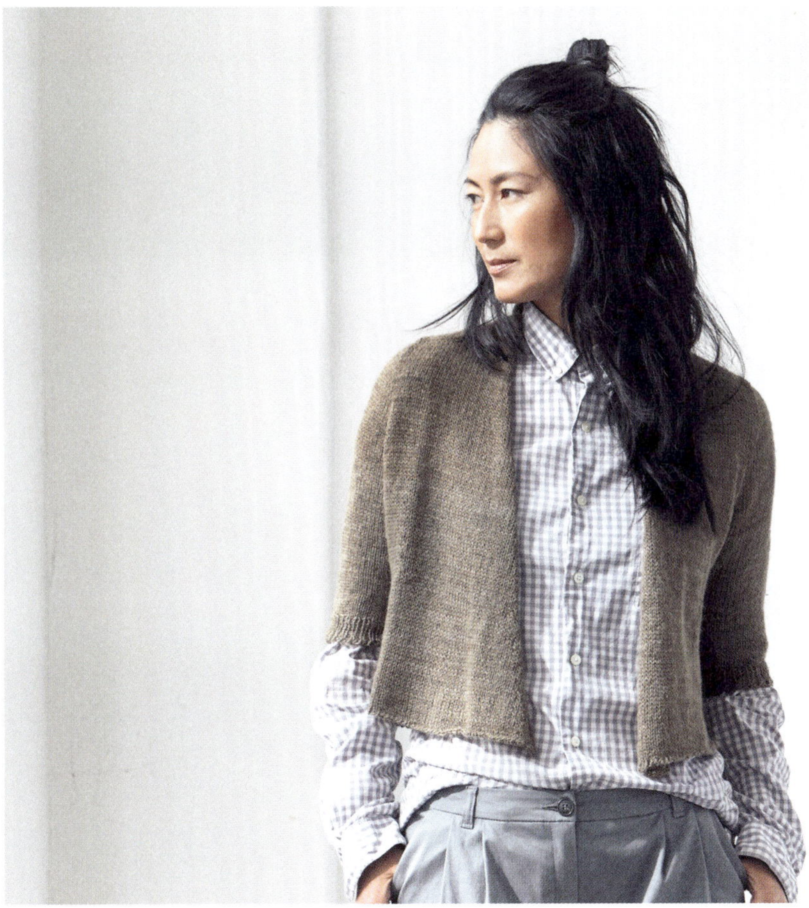

Molly

Überblick

Molly ist eine raffinierte Variation eines schlichten Pullovers. Dank der einfach gehaltenen Anleitung lässt sich hier besonders gut ein schönes Garn in den Mittelpunkt stellen. Version A (siehe S. 104) endet am Saum in einem langen Rippenbündchen und besticht durch Details am Ellbogen in einer Kontrastfarbe. Bei Version B (rechts) ist der geschwungene Saum vorn kürzer als hinten, und die Details sind dezenter im Krausstrick gehalten. Jede der Ellbogenversionen kann natürlich in den beiden Modellen umgesetzt werden. Der Rundhalsausschnitt entsteht durch verkürzte Reihen, die in der Anleitung erklärt werden. Wenn Sie noch nie verkürzte Reihen gestrickt haben, lesen Sie die Anleitung erst genau durch, bevor Sie beginnen.

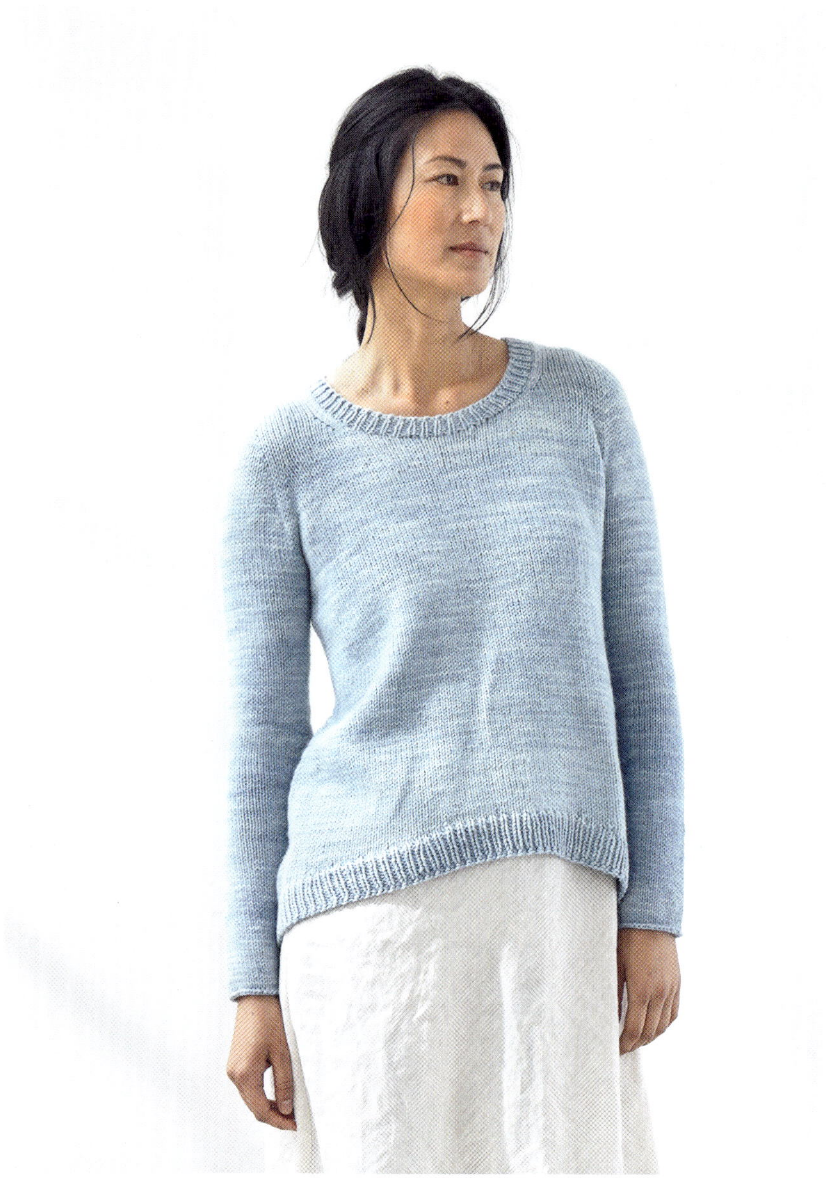

Größen
S (M, L, XL, 2XL, 3XL)

Fertige Maße
Brustumfang: 84 (93, 104, 113, 124, 133) cm
Länge Version A: 61 (63, 66, 68, 70, 72) cm
Seitenlänge Version B (siehe Schemazeichnung): 57 (60, 62, 64, 66, 68) cm

Garn
VERSIONEN A & B
915 (1050, 1190, 1370, 1530, 1670) m mittelstarkes Garn

VERSION A
A Verb for Keeping Warm „Horizon"
100 % Bio-Merinowolle, LL 146 m/50 g
7 (8, 9, 10, 11, 12) Knäuel in Bay Sailor (Hauptfarbe)
1 Knäuel in Denim (Kontrastfarbe) für Ellbogendetails

VERSION B
Swans Island „Natural Colors Collection Worsted-Weight"
100 % Bio-Merinowolle, LL 228 m/100 g
4 (5, 6, 6, 7, 8) Knäuel in Sky Blue

Nadeln
Rundstricknadel 4,5 mm (bzw. eine Größe, die der Maschenprobe entspricht), Länge 100 cm oder länger (mehr zur Länge auf S. 19)
Rundstricknadel 4,5 mm (bzw. eine Größe, die der Maschenprobe entspricht), Länge 60–90 cm
Nadeln 3,25 mm zum Abketten
Nadelspielnadeln 2–3,25 mm oder Rundstricknadel beliebiger Länge (zum Aufnehmen von Maschen)
Nadelspiel 3,75 mm für das Halsbündchen

Zubehör
6 Maschenmarkierer in verschiedenen Farben
2 zusätzliche Rundstricknadeln oder Wollreste zum Stilllegen der Ärmelmaschen
Reihenzähler (optional)
Vorlage Cocoknits-Pullover

Maschenprobe
18 M × 28 R = 10 × 10 cm glatt re mit stärksten Nadeln

HINWEIS: Falls die genannten Garne nicht (mehr) in Deutschland erhältlich sein sollten, finden Sie auf meiner Website www.cocoknits.com Alternativgarne. Gehen Sie dazu zur Rubrik „Patterns" und klicken Sie das jeweilige Modell an. Die Alternativen sind dort ggf. aufgeführt.

Passform und Stil

Molly ist etwas weniger körpernah geschnitten als die anderen Modelle in diesem Buch. Es gibt keine Taillenabnahmen, doch die Hüftzunahmen ab der Taille sorgen dafür, dass der Schnitt insgesamt nicht zu kastig wirkt. Die Ärmel sind lang und glatt, um kein zusätzliches Volumen oder waagerechte Linien ins Spiel zu bringen.

KRÄFTIGE HÜFTEN

- Version B mit dem geschwungenen Saum lockert die Hüftlinie auf und lässt Ihren Unterkörper schmaler wirken.
- Wenn Sie Version A stricken, nehmen Sie eine helle oder leuchtende Farbe, lassen Sie den Pullover schon über der Hüfte enden und tragen Sie ein längeres Shirt oder eine längere Tunika darunter. Das lenkt den Blick auf Ihren Oberkörper und lässt den Unterkörper optisch weniger massiv wirken.
- Tragen Sie dazu eine Bluse mit Kragen, eine auffällige Halskette oder einen Schal, um den Oberkörper zu betonen.

GROSSE OBERWEITE ODER KRÄFTIGE TAILLE

- Wenn Sie schlanke Hüften haben, stricken Sie Version A, die an der Hüfte endet.
- Wenn Sie den Blick von Ihrer Taillengegend ablenken möchten, nehmen Sie lieber Version B.
- Um Ihren Hals länger wirken zu lassen, können Sie den Ausschnitt etwas tiefer arbeiten. Schlagen Sie dazu die entsprechenden M nicht in R 17 (Abschnitt IV, Vorderer Halsausschnitt) an, sondern 4 bis 6 R später.
- Tragen Sie dazu ein kragenloses Shirt und einen langen Schal oder eine lange Halskette, um Ihre Figur optisch größer und schlanker wirken zu lassen.
- Nehmen Sie eine dunklere Farbe, die Ihnen steht und den oberen und mittleren Körper optisch verkleinert.
- Tragen Sie den Pullover zu Hosen und lassen Sie die untere Schicht darunter hervorblitzen oder über einer Tunika oder einem Kleid, das an einer schmalen Stelle Ihrer Beine endet.

Schemazeichnung

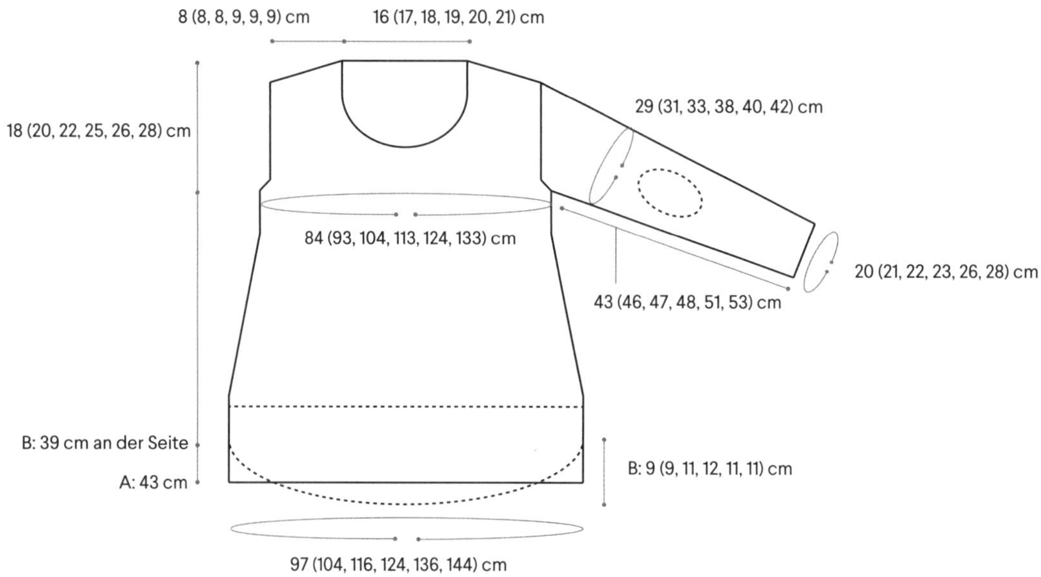

Anleitung

BEIDE VERSIONEN

Abschnitt I

Oberer Rücken

Mit der größten Rundstricknadel (100 cm) (Version A: Hauptfarbe), 28 (30, 32, 34, 36, 38) M für den oberen Rücken anschl.
Grund-R (Rück-R): 2 M li, MM setzen, bis 2 M vor R-Ende li, MM setzen, 2 M li.
R 1 (Hin-R): 2 M re, MM abh, 1 M re, KLL, weiter re bis 1 M vor nächstem MM, KRL, 1 M re, MM abh, 2 M re. (2 M zugen)
R 2 (Rück-R): 2 M li, MM abh, 1 M li, PLL, weiter li bis 1 M vor nächstem MM, PRL, 1 M li, MM abh, 2 M li. (2 M zugen)
Diese 2 R 7× (7×, 7×, 8×, 8×, 8×) arb = 14 (14, 14, 16, 16, 16) Form-R, 56 (58, 60, 66, 68, 70) M. Faden abschn und M stilllegen (siehe S. 19).

Abschnitt II

Schultern

RECHTE SCHULTER

Oberen Rücken so halten, dass VS vorn, stillgelegte M unten und Anschlag-R oben liegt (siehe Fotos auf S. 21). Mit dünner Nadel die Querfäden am rechten Außenrand neben der Anschlag-R nach der Methode auf

S. 120 aufnehmen. Über diese M re verschr str, dabei gleichmäßig auf 13 (13, 14, 15, 16, 16) M abn (je 2 M re verschr zus-str).
Noch 13 (13, 13, 15, 15, 15) R glatt re, mit Rück-R enden. Faden lang abschn, M stilllegen.

LINKE SCHULTER

Mit dünner Nadel am linken Außenrand neben der Anschlag-R M nach der Methode auf S. 120 aufnehmen. Über diese M re verschr str, dabei wie an der rechten Schulter gleichmäßig auf 13 (13, 14, 15, 16, 16) M abn (je 2 M re verschr zus-str).
Noch 13 (13, 13, 15, 15, 15) R glatt re, mit Rück-R enden. Faden nicht abschn.

Abschnitt III

Teile verbinden und Armkugeln stricken

Die Ecken mit der abgewandelten Magic-Loop-Methode str (S. 123).
R 1 (Hin-R): 11 (11, 12, 13, 14, 14) M re (linke Schulter), SSK. Mit dünner Nadel die Querfäden am Außenrand der linken Schulter aufnehmen. Über diese M re verschr str, dabei gleichmäßig auf 10 (12, 12, 14, 14, 14) M abn; diese M bilden die linke Armkugel. Über die Rücken-M wie folgt str: 2 M re zus-str, MM entfernen, 52 (54, 56, 62, 64, 66) M re, MM entfernen, SSK. Mit dünner Nadel die Querfäden am Außenrand der rechten Schulter aufnehmen, re verschr str, dabei wie an der linken Schulter gleichmäßig auf 10 (12, 12, 14, 14, 14) M abn; diese M bilden die rechte Armkugel. Über die rechte Schulter wie folgt str: 2 M re zus-str, 11 (11, 12, 13, 14, 14) M re.

MARKIERER SETZEN

R 2 (Rück-R): 2 M li, MM (gelb) für Halsrand setzen, 10 (10, 11, 12, 13, 13) M li (rechtes VT), MM (violett) setzen, 10 (12, 12, 14, 14, 14) M li (Ärmel), MM (blau) setzen, 54 (56, 58, 64, 66, 68) M li (RT), MM (orange) setzen, 10 (12, 12, 14, 14, 14) M li (Ärmel), MM (grün) setzen, 10 (10, 11, 12, 13, 13) M li (linkes VT), MM (rot) für Halsrand setzen, 2 M li. Beachten Sie, dass die 2 Halsrand-M an jedem Ende zu den Vorderteilen gezählt werden.

Abschnitt IV

Passe nach der Vorlage fertigstellen

ALLE ABSCHNITTE DER VORLAGE WIE FOLGT AUSFÜLLEN:
Anfangsmaschenzahl für jeden Abschnitt/jede Spalte:
- Linker und rechter Ärmel: 10 (12, 12, 14, 14, 14) M.
- Rückenteil: 54 (56, 58, 64, 66, 68) M.
- Linkes und rechtes VT: 12 (12, 13, 14, 15, 15) M.

Die Passe wird über 36 (42, 48, 56, 60, 62) R gestrickt; ziehen Sie in Ihrer Vorlage unter dieser R eine Linie.

ÄRMEL

An jedem Ärmelrand in jeder Hin-R 8× (8×, 8×, 9×, 10×, 12×), in jeder 4. R 1× (3×, 4×, 5×, 5×, 4×), dann in jeder Hin-R 8× (7×, 8×, 9×, 10×, 11×) zun = 44 (48, 52, 60, 64, 68) M.

RÜCKENTEIL

In den letzten 14 (20, 28, 30, 38, 44) Passe-R am Armlochrand in jeder Hin-R 7× (10×, 14×, 15×, 19×, 22×) zun = 68 (76, 86, 94, 104, 112) M.

VORDERTEILE

ARMAUSSCHNITTE

In den letzten 14 (20, 28, 30, 38, 44) Passe-R am Armlochrand in jeder Hin-R 7× (10×, 14×, 15×, 19×, 22×) zun.

HALSAUSSCHNITT

Für den Rundhalsausschnitt werden M für den mittleren Halsausschnitt angeschlagen und auf jeder Ausschnittseite verk R gestr (Shadow-Wrap-Methode, siehe S. 124). Nach R 17 in der Vorlage wird der Rumpf in Rd gestr.

Zunahmen an den Halsrändern (R-Beg und R-Ende nach dem roten und vor dem gelben MM) in den Hin-R 11, 13, 15 und 17 notieren.

Am Ende der Hin-R 17 (links der gelben Linie) „22 (24, 24, 28, 28, 30) M anschl" eintragen.
Am Ende der Hin-R 19, +3 (4, 4, 4, 4, 4) eintragen.

Version B

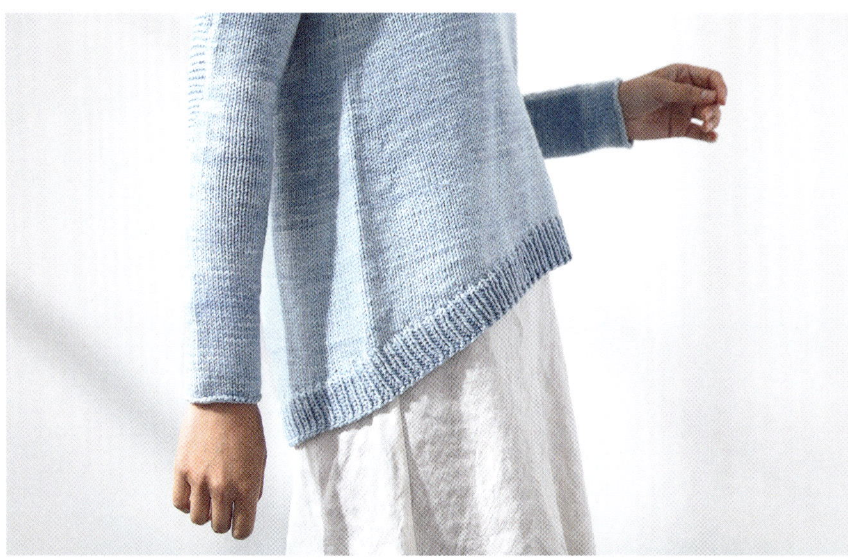

Am Ende der Rück-R 20 (rechts der roten Linie) +3 (4, 4, 4, 4, 4) eintragen.
Am Ende der R 21 und 22 +6 (7, 7, 8, 8, 8) eintragen.
Am Ende der R 23 und 24 +10 (11, 11, 12, 12, 13) eintragen.
M-Anzahl VT nach allen Zun für Armloch und Halsausschnitt: 68 (76, 86, 94, 104, 112) M.
Wenn Sie die Vorlage ausgefüllt haben, die Passe bis R 17 arb, dabei wie angegeben zun: vor MM KRL, 2 M re; nach MM 2 M re, KLL.

Verk R str und Halsausschnitt formen:
Am Ende von R 17 (2 M nach gelbem MM) nicht wenden, 22 (24, 24, 28, 28, 30) M aufschlingen.
Ab hier in Rd str. Zu kürzerer Rundstricknadel wechseln.
Rd 18: 2 M re, roten MM abh, wieder bis zum roten MM str.
Rd 19: Bis zum gelben MM str, dabei die Zun in der Vorlage arb, MM abh, 3 (4, 4, 4, 4, 4) M re, Shadow-Wrap, wenden.
R 20: Bis 3 (4, 4, 4, 4, 4) M nach rotem MM li, Shadow-Wrap, wenden.
R 21–24 ebenso arb, dabei um die M-Anzahl hinter dem + über den gelben und roten MM hinausstr und die erforderlichen Zun für RT und Ärmel durchführen.

Nach R 24 wird die restliche Passe in Rd gearbeitet. Alle geraden R der Vorlage als gerade Rd str. Roter MM markiert den Rd-Beg.

Wenn Sie die Vorlage ausgefüllt haben, befinden sich 224 (248, 276, 308, 336, 360) M auf der Nadel.

Rumpf

Beim Abstricken der nächsten Rd alle MM entfernen.
Nächste Rd: M des linken VT str, *44 (48, 52, 60, 64, 68) Ärmel-M stilllegen, 8 M für die Achsel aufschlingen (siehe Hinweis unten), 68 (76, 86, 94, 104, 112) M des RT re, ab * für Ärmel und Achsel der anderen Seite wdh, bis zum Rd-Ende links str = je 76 (84, 94, 102, 112, 120) M in VT und RT.

HINWEIS: Zum Aufschlingen in der R empfehle ich folgende Methode: 2 M weniger aufschlingen als angegeben (hier: 6 M). In der nächsten Rd aus dem lockeren Querfaden vor und nach dem Maschenanschlag je 1 M re verschr zun. Nun liegt die erforderliche M-Anzahl auf der Nadel, und der Anschlag ist gleichmäßiger (siehe S. 115).

Glatt re in Rd weiterstr, bis der Rumpf ca. 12 cm ab Achselanschlag misst, oder bis zum gewünschten Beg der Hüftzunahmen, dabei die Mitte der neu angeschlagenen M als Seiten markieren. Mit der Hüftzunahme 8 cm unter der stärksten Stelle der Brust beginnen.

HÜFTE FORMEN

Nächste Rd (Hüftzunahme): *2 M re, KLL, bis 2 M vor Seiten-MM re, KRL, 2 M re, ab * noch 1× wdh (4 M zugen).
Hüftzunahme in jeder folg 10. Rd noch 4× wdh = je 86 (94, 104, 112, 122, 130) M in VT und RT.

Weiterstr, bis der Rumpf 35 cm ab Achselanschlag misst.

Saum in Version A (gerade) oder B (High-Low) arb.

VERSION A – RIPPENBÜNDCHEN

8 cm in einfachem Rippenmuster str.
Mit Nadelstärke 3,25 mm nach Jenys Methode (siehe S. 128) im Rippenmuster abk.

VERSION B – HIGH-LOW-SAUM DURCH VERKÜRZTE REIHEN

Verk R 1 (Hin-R): Bis zum rechten Seiten-MM str, MM abh, 30 (33, 38, 40, 45, 45) M re, Shadow-Wrap, wenden.
Verk R 2 (Rück-R): Bis 30 (33, 38, 40, 45, 45) M nach linkem Seiten-MM li, Shadow-Wrap, wenden.
Verk R 3: Bis 5 (5, 5, 5, 6, 6) M vor Doppel-M str, Shadow-Wrap, wenden.
Verk R 4: Bis 5 (5, 5, 5, 6, 6) M vor Doppel-M str, Shadow-Wrap, wenden.
Verk R 3 und 4 insges. 12× (13×, 15×, 16×, 15×, 15×) wdh und jedes Mal 5 (5, 5, 5, 6, 6) beidseitig weitere M ungestrickt lassen = 26 (30, 30, 32, 32, 40) Arbeits-M.

Nächste Rd: 1 Rd re, dabei die Doppel-M mit ihrer Mutter-M zus-str.
Nächste Rd: *aus 1 M 2 M re herausstr, über die nächsten 22 (18, 20, 18, 20, 22) M [1 M re, 1 M li]; ab * bis 11 (17, 19, 15, 13, 7) M vor Rd-Ende wdh, aus 1 M 2 M re herausstr, bis zum Rd-Ende [1 M re, 1 M li] = 8 (10, 10, 12, 12, 12) M zugen = 180 (198, 218, 236, 256, 272) M.
4 cm (oder bis zur gewünschten Länge) im einfachen Rippenmuster str.
Mit Nadelstärke 3,25 mm nach Jenys Methode im Rippenmuster abk.

Ärmel

Lesen Sie zuerst weiter! Ärmelabnahmen und Ellbogendetails werden gleichzeitig gearbeitet.

Mit Arbeitsnadel im Kreuzanschlag 8 M anschlagen, 44 (48, 52, 60, 64, 68) stillgelegte Ärmel-M re, 4 M re, für Rd-Beg MM setzen.
Insgesamt liegen 52 (56, 60, 68, 72, 76) M auf der Nadel. 8 Rd re.
Nächste Rd (Ärmelabnahme): 2 M re, SSK, bis 4 M vor Rd-Ende re, 2 M re zus-str, 2 M re (2 M abgen).

Ärmelabnahmen in jeder 12. (12., 10., 8., 8., 8.) Rd noch 7× (8×, 9×, 12×, 12×, 12×) wdh = 36 (38, 40, 42, 46, 50) M.

GLEICHZEITIG

ELLBOGENDETAILS EINARBEITEN

Mit den Ellbogendetails 8 cm über dem Ellbogen beginnen, in diesem Beispiel 25 cm ab Armkugel. Zum Abmessen am besten den Pullover anprobieren und vom Ärmelansatz oben an der Schulter gerade nach unten messen. Ellbogen-MM nach der Hälfte der Rd setzen.

KONTRASTFARBIGES ELLBOGENDETAIL (HIER AN VERSION A)

HINWEIS: Sie können das Einstrickmuster in Rd arb, aber ich finde es einfacher, über 25 R nach dem Schemazeichnung in Hin- und Rück-R zu str und die Naht an diesem kleinen Ärmelabschnitt später zu schließen. In der 1. R werden 2 M zugen, die später als Naht-M dienen. Falls in der nächsten

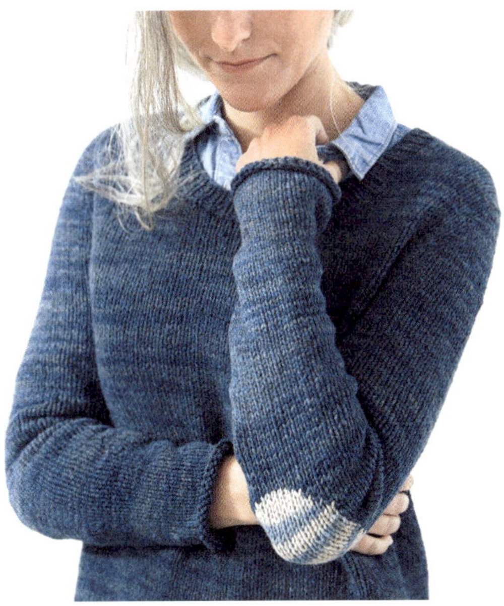

Rd Ärmelabnahmen vorgesehen sind, versetzen Sie diese in die folgende Hin-R.

LINKER ÄRMEL

Nächste Rd: 1 M aufschlingen, bis zum Ellbogen-MM str. Die nächsten 14 M nach Schemazeichnung str, bis zur letzten M str, aus 1 M 2 M re

Version A

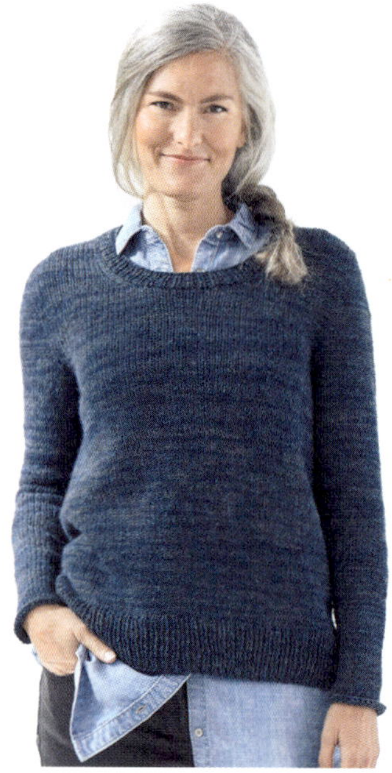

herausstr, wenden. Über 25 R glatt re nach Schemazeichnung str, dabei alle Ärmelabnahmen in den Hin-R vornehmen. Wenn die Schemazeichnung ausgefüllt ist, bis 2 M vor R-Ende re, SSK, MM für Rd-Beg setzen, 2 M re zus-str, bis R-Ende str, dabei den Ellbogen-MM entfernen = 2 Rand-M abgen. Weiter in Rd str.

RECHTER ÄRMEL

Nächste Rd: 1 M aufschlingen, bis 14 M vor Ellbogen-MM str. Die nächsten 14 M nach Schemazeichnung str, bis zur letzten M re, aus 1 M 2 M re herausstr, wenden. Schemazeichnung beenden und wieder in Rd arb.

ELLBOGENDETAIL IN KRAUSGESTRICK (HIER AN VERSION B)

LINKER ÄRMEL

Nächste Rd: Bis zum Ellbogen-MM re, die nächsten 14 M nach Schemazeichnung str, MM setzen, bis Rd-Ende re. Über diese 14 M 50 Rd nach Schemazeichnung arb, dabei die Ärmelabnahmen wie angegeben vornehmen.

RECHTER ÄRMEL

Nächste Rd: Bis 14 M vor Ellbogen-MM re, die nächsten 14 M nach Schemazeichnung str, MM setzen, bis Rd-Ende re. Über diese 14 M 50 Rd nach Schemazeichnung arb, dabei die Ärmelabnahmen wie angegeben vornehmen.

BEIDE ÄRMEL

Nach allen Ärmelabnahmen glatt re str, bis der Ärmel 43 (46, 47, 48, 51, 53) cm misst bzw. bis zur gewünschten Länge.
Mit Nadelstärke 3,25 mm nach Jenys Methode (siehe S. 128) links abk.

Fertigstellen

HALSBÜNDCHEN

Mit der kleineren Rundstricknadel (40 cm) links am RT beginnen. 23 (23, 23, 23, 25, 25) M am linken Halsrand aufnehmen (siehe S. 132–133), 22 (24, 24, 28, 28, 30) M am vorderen Halsrand, 23 (23, 23, 23, 25, 25) M am rechten Halsrand, 26 (28, 30, 32, 34, 36) M am hinteren Halsrand = 94 (98, 100, 106, 112, 116) M.
Mit Stricknadel 4 mm 1 Rd re.
2,5 cm im einfachen Rippenmuster str. Im Rippenmuster abk.

BEIDE VERSIONEN

Achselöffnungen im Maschenstich schließen (siehe S. 130). Bei Version A Ellbogennähte schließen. Fadenenden vernähen, Pullover spannen.

VERSION B

Anleitung
Das Muster geht über 50 Rd. Ungerade Rd werden nach Schemazeichnung gestr, gerade Rd (nicht angegeben) glatt re. Nur nach Rd-Zahlen an der linken Seite arb.

□ 1 M re

● in ungeraden Rd: 1 M li

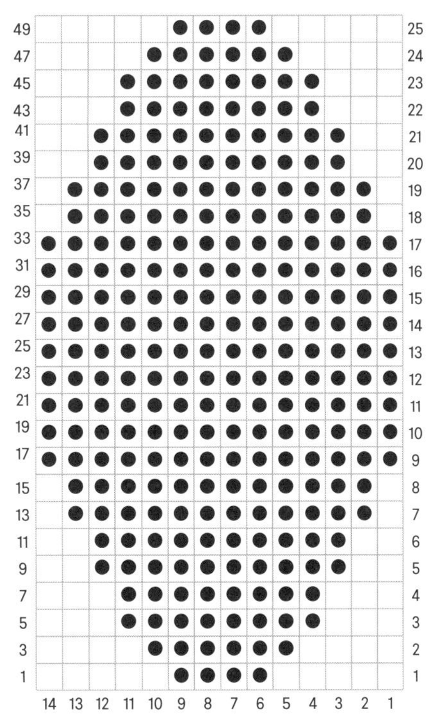

Diese Rd-Zahlen gelten nur für Version B. ↑

↑ *Diese Rd-Zahlen gelten nur für Version A.*

VERSION A

Anleitung
Das Muster geht über 25 Hin- und Rück-R. Ungerade R sind Hin-R, gerade R sind Rück-R. Nur nach Rd-Zahlen an der rechten Seite arb.

□ In Hauptfarbe in Hin-R 1 M re, in Rück-R 1 M li.

● In Kontrastfarbe in Hin-R 1 M re, in Rück-R 1 M li.

4. Passform ändern

Da alle Modelle in diesem Buch von oben nach unten gestrickt werden, lassen sich sich ganz einfach Ihrem Figurtyp anpassen. Sie können jedes Modell länger oder kürzer stricken, als in der Anleitung angegeben ist, oder Sie können mehr oder weniger Ab- oder Zunahmen an den Ärmeln oder an der Hüfte vornehmen. In diesem Kapitel zeige ich Ihnen, wie Sie die richtige Größe finden und die Anleitung gegebenenfalls abändern. Probieren Sie den Pullover beim Stricken immer wieder an und nehmen Sie beliebig viele weitere Anpassungen vor. Wenn Sie schon Zeit und Geld in einen handgestrickten Pullover investieren, sollte er Ihrer Figur auch schmeicheln, damit Sie sich darin richtig wohlfühlen.

Schritt 1

Größe wählen

Sobald Sie sich für einen Stil entschieden haben, müssen Sie die richtige Größe bestimmen.

Am besten suchen Sie dazu aus Ihrem Kleiderschrank ein Strickstück in einem ähnlichen Stil heraus (z. B. einen Pullover), das Sie gern tragen, weil es Ihnen genau passt. Messen Sie den Brustumfang dieses Strickstücks.

Wenn Sie keinen Pullover haben, der Ihnen so gut passt, wie der neue passen soll, messen Sie Ihren Brustumfang an der stärksten Stelle (in der gleichen Unterkleidung, die Sie unter dem neuen Pullover anziehen wollen) und fügen die gewünschte Bequemlichkeitszugabe hinzu. Wie viel das ist, entscheiden Sie selbst – manche Frauen haben gern 10 cm und mehr „Luft", einige tragen ihre Pullover lieber enger mit gar keiner oder einer kleinen Zugabe von 2,5 cm. Im Allgemeinen halte ich mich an die Faustregel: Je dicker das Garn (und je voluminöser das Gestrick), desto weniger Zugabe. Bei dünnerem Garn und einem lockererem Gestrick trägt das fertige Stück weniger auf; das zusätzliche Gestrick wirft gewöhnlich Falten und lässt Sie nicht massiger aussehen.

Sehen Sie sich nun die Schemazeichnung in der Anleitung an und suchen Sie den Brustumfang, der am nächsten an dem Wert liegt, den Sie durch eine der beiden Methoden oben bestimmt haben. Nun wissen Sie, in welcher Größe Sie den Pullover stricken müssen. Überprüfen Sie, ob Oberärmelumfang und Armlochtiefe der gewählten Größe für Sie ebenfalls passen. Falls ja, können Sie den Pullover einfach nach der Anleitung stricken. Wenn Sie die Anleitung anpassen möchten, lesen Sie weiter.

Schritt 2

Muster anpassen, falls erforderlich

Wenn Sie zwischen zwei Größen liegen, können Sie versuchen, die Maschenprobe leicht anzupassen. Ein guter Trick ist es, die größere Größe zu stricken, aber mit 0,5 mm dünneren Nadeln. Suchen Sie in der Anleitung unter „Rumpf" die Maschenzahl für Vorder- und Rückenteil nach dem Stilllegen der Ärmelmaschen und dem Anschlagen der Achselmaschen. In Version A von „Emma" beispielsweise sind das für die Größe M 56 Maschen. Nach der Maschenprobe von 12 Maschen für 10 cm wären das 46,66 cm für das Rückenteil und ein Brustumfang von ca. 93,32 cm.

Wenn Sie nun einen Brustumfang von 89 cm bzw. eine Breite von 44,5 cm im Rückenteil brauchen, teilen Sie die angegebene Rückenteilbreite (46,66 cm) durch Ihre gewünschte (44,5 cm). Wenn Sie die Maschenprobe (12 M) mit diesem Faktor (1,05) multiplizieren, sehen Sie, dass Sie 12,6 statt 12 Maschen pro 10 cm bräuchten, Sie also nur etwas fester stricken müssten. Manchmal reicht es (bei Stecksystemen), nur für links gestrickte Reihen 0,5 mm dünnere Nadeln zu nehmen, um auf eine etwas engere Maschenprobe zu kommen.

Wenn Schulterbreite und Armlochtiefe stimmen, Sie aber mehr Luft bei Brust- und/oder Ärmelumfang brauchen, bieten sich folgende Tricks an.

MÖGLICHKEIT 1: MEHR ZUNAHMEN IN DER PASSE

- Füllen Sie die Vorlage nach der Anleitung aus und tragen Sie so oft zusätzlich „+1" ein, bis Sie auf die gewünschten Maße kommen.
- Fügen Sie in Vorder- und Rückenteil in den Reihen über den schon eingetragenen Zunahmen weitere Maschen an den Armlochrändern ein. Wenn Sie z. B. bei „Emma" 2,5 cm mehr Zugabe möchten, also 4 Maschen, runden Sie auf ein Vielfaches von 4 auf (damit die Zunahmen funktionieren), und nach Anleitung in den letzten 10 Reihen zunehmen sollen, nehmen Sie stattdessen in den letzten 12 Reihen zusätzliche Maschen an den Armlochrändern von Rücken- und Vorderteil auf.
- Dasselbe gilt für die Ärmel: Tragen Sie weitere „+1" in die Vorlage ein, um Maschen hinzuzufügen, oder nehmen Sie mehr Ärmelmaschen an den Seitenrändern der Vorderteile auf, bevor Sie mit der Vorlage arbeiten.
- Notieren Sie die neuen Maschenzahlen unten in der Vorlage.
- Stricken Sie nun die Passe mit den zusätzlichen Zunahmen, wie notiert.

MÖGLICHKEIT 2: ZUSATZMASCHEN IN DER ACHSEL ANSCHLAGEN

Eine gute Lösung, wenn Sie die Passe fertig gestrickt haben und gern noch mehr Bequemlichkeitszugabe hätten.

- Stricken Sie die Passe nach der Anleitung und schlingen Sie dann in der Achsel so viele zusätzliche Maschen auf, wie Sie brauchen (siehe S. 114). Die Achselbreite kann bis zu 8 cm betragen. Wenn Sie noch mehr Maschen brauchen, nehmen Sie lieber die nächste Größe.
- Dasselbe gilt für die Ärmel: Schlingen Sie die benötigten Zusatzmaschen auf, nachdem Sie die Passe gestrickt haben.
- Es macht nichts, wenn die Anzahl der Anschlagmaschen in der Achsel zwischen Rumpf und Ärmeln nicht ganz übereinstimmen, das können Sie beim Schließen der Achselöffnung kaschieren. (Wenn Sie z. B. 6 Achselmaschen am Rumpf anschlagen, aber 10 am Ärmel, passen Sie diese 10 Maschen beim Schließen der Achselöffnung an die 6 Maschen an wie in Schritt 4 auf S. 130.)

MÖGLICHKEIT 3: BRUSTABNÄHER DURCH VERKÜRZTE REIHEN

Diese fortgeschrittene Technik ist normalerweise nicht nötig, weil Möglichkeit 1 oder 2 ausreicht. Ich habe sie in diesem Buch nicht erklärt, Sie finden aber mehr dazu auf meiner Website cocoknits.com.

5. Spezialtechniken

Für die in diesem Buch beschriebene Cocoknits-Methode brauchen Sie einige Spezialtechniken, die meiner Erfahrung nach die schönsten Ergebnisse bringen. Es handelt sich um bestimmte Arten von Abnahmen, Zunahmen, Aufnahmen von Maschen und das Stricken um die Ecke. Einige Techniken habe ich speziell zum Stricken von nahtlosen Pullovern von oben nach unten entwickelt, andere kennen Sie wahrscheinlich auch schon aus anderen Strickprojekten.

Kreuzanschlag

Es gibt viele Möglichkeiten, Maschen anzuschlagen, und da Sie aus der Anschlagkante meist ohnehin Maschen aufnehmen oder sie einsäumen, ist jeder Anschlag geeignet. Mein Lieblingsanschlag ist der Kreuzanschlag, daher habe ich ihn hier mit aufgenommen.

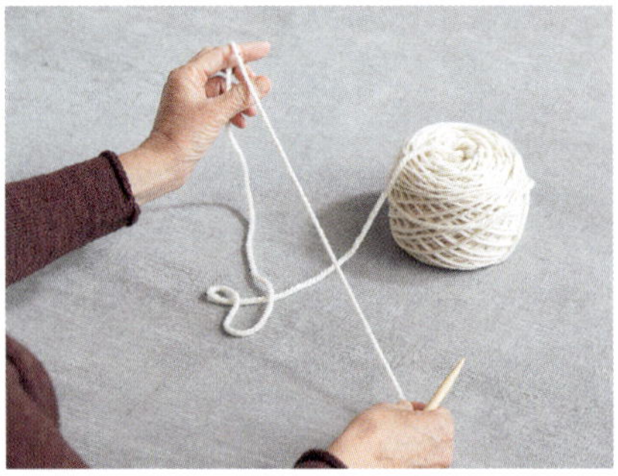

VORBEREITUNG

Ich beginne nicht mit einem Laufknoten, wie meist üblich, weil ich keine Knoten in meiner Arbeit mag. Ich halte das Garn mit der linken Hand um Zeigefinger und Daumen gelegt und schlinge es über die rechte Nadel. Dann halte ich die Garnschlaufe mit dem rechten Zeigefinger auf der Nadel fest und beginne mit dem Anschlagen.

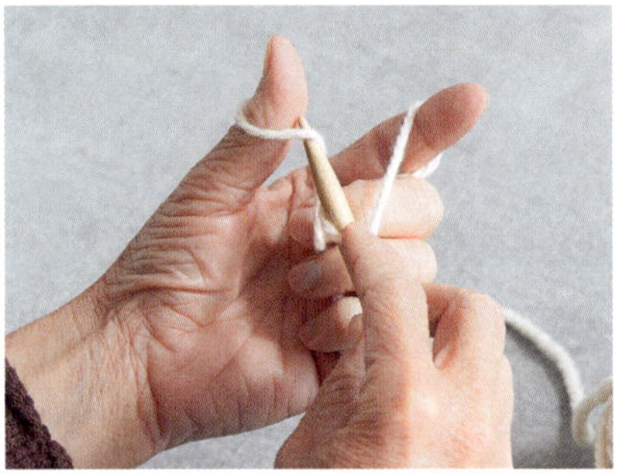

SCHRITT 1

Führen Sie die rechte Nadel von unten in die Daumenschlaufe an der linken Hand.

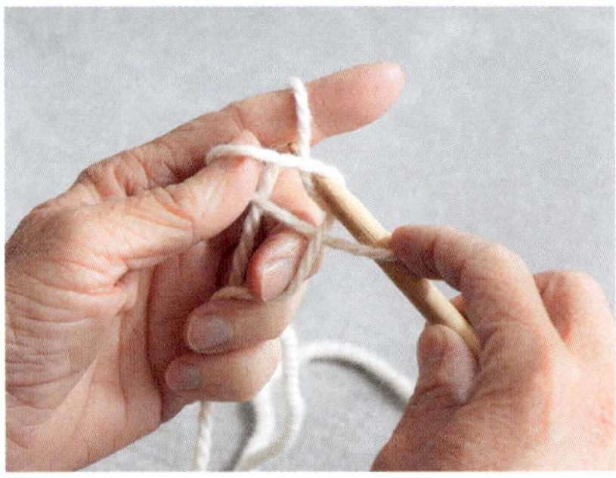

SCHRITT 2

Führen Sie die Nadel über die Zeigefingerschlaufe und holen Sie den Faden vom Zeigefinger durch die Daumenschlaufe.

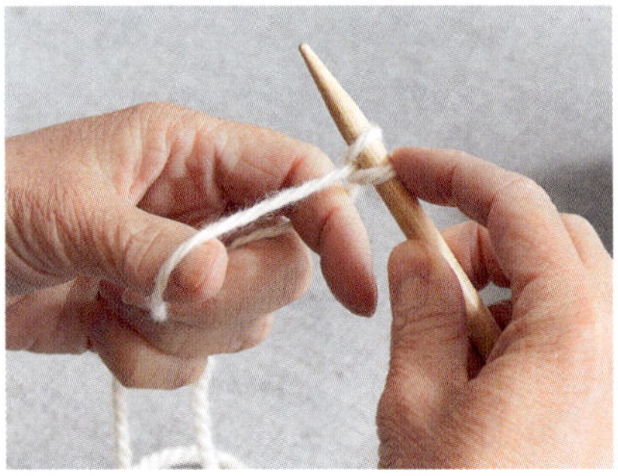

SCHRITT 3

Den Faden vom Daumen gleiten lassen, die Masche festziehen und Finger bzw. Hände für die nächste Anschlagmasche wieder in Position bringen.

Provisorischer Maschenanschlag

PMA

In diesem Buch verwende ich für Krägen den provisorischen Maschenanschlag. Mein bevorzugter PMA ist Judy's Magic Cast-on. Ich mag ihn, weil man dabei auf zwei Nadeln anschlägt und weder Häkelnadel noch Wollreste braucht. Die Maschen, die man nicht braucht, legt man auf einer Extranadel oder dem Seil einer Rundstricknadel still, und wenn es so weit ist, strickt man sie einfach von dort ab (kein Herausschneiden von Wollresten und Auffädeln von Maschen auf die Nadel erforderlich).

Wenn in der Anleitung ein provisorischer Maschenanschlag gefordert wird, sind immer Maschenpaare gemeint. Wenn in der Anleitung beispielsweise „12 M PMA" steht, sind das 12 Maschen auf JEDER Nadel, insgesamt also 24. Sie verwenden nur die 12 Maschen einer Nadel und lassen die anderen 12 liegen. Beim Stricken in die andere Richtung setzen Sie den Faden an den 12 stillgelegten Maschen neu an und arbeiten nahtlos in die andere Richtung weiter.

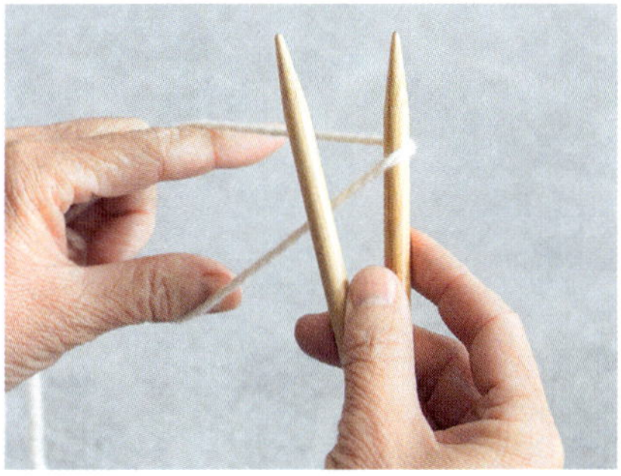

VORBEREITUNG UND SCHRITT 1

Den Faden mit der linken Hand halten wie für den Kreuzanschlag (siehe linke Seite) . 2 Nadeln parallel in der rechten Hand halten; eine ist die obere (auf dem Foto rechts) und die andere die untere Nadel (auf dem Foto links).

Schlingen Sie den Faden um die obere Nadel.

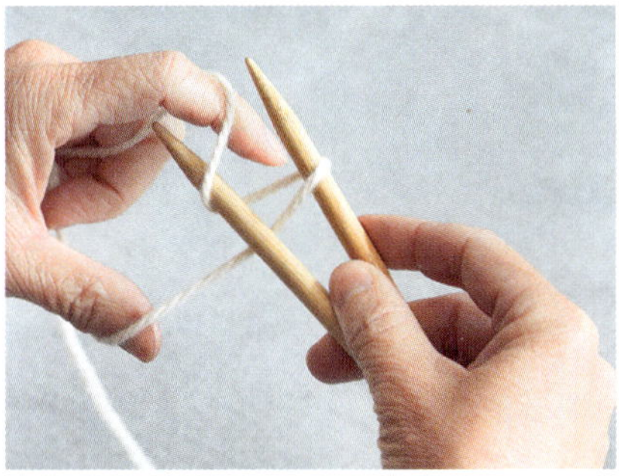

SCHRITT 2

Schlingen Sie den Faden vom Zeigefinger um die untere Nadel.

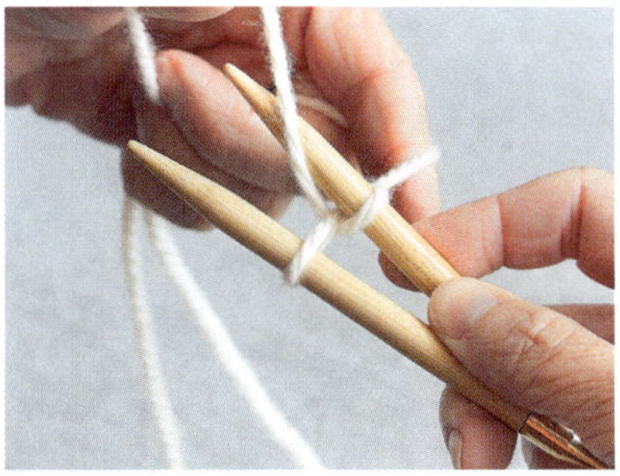

SCHRITT 3

Den Faden vom Daumen um die obere Nadel schlingen. Sprechen Sie sich vor: „Oben über unten, unten über oben", bis Sie die gewünschte Anzahl von Paarmaschen angeschlagen haben.

Aufschlingen

Diesen Anschlag verwende ich für Rumpf, Achseln und vorderen Halsausschnitt. Es gibt noch andere, kompliziertere Methoden, aber ich finde diesen einfachen Anschlag am saubersten. Wenn Sie ihn für die Achsel anwenden, beachten Sie bitte die Hinweise auf der nächsten Seite.

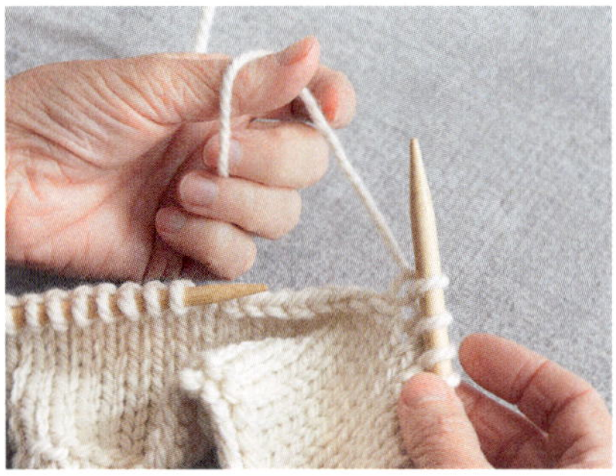

VORBEREITUNG

Schlingen Sie den Faden um den linken Daumen schlingen und halten Sie ihn fest.

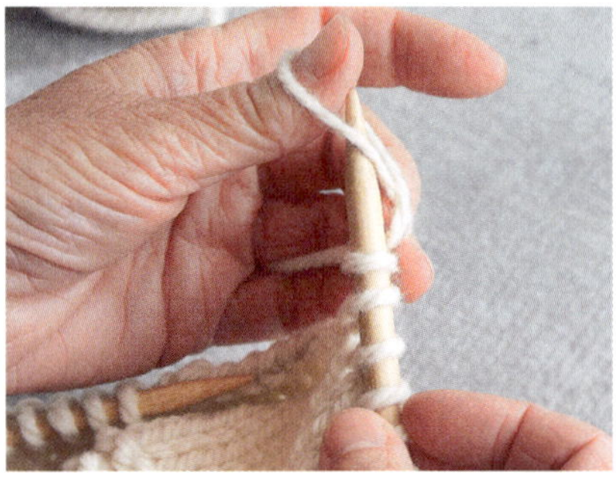

SCHRITT 1

Schieben Sie die Nadel vor dem Daumen unter den Faden.

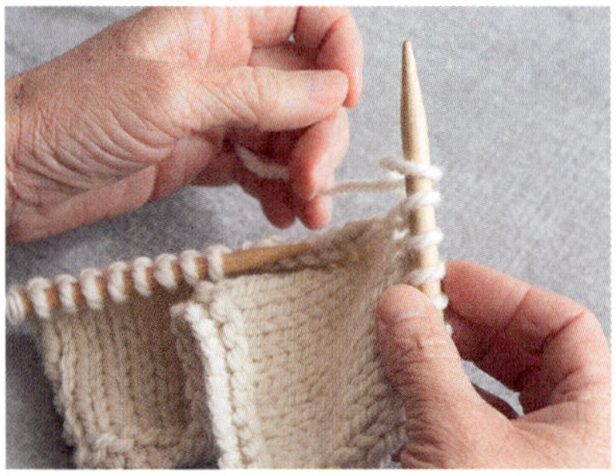

SCHRITT 2

Ziehen Sie den Daumen aus der Schlinge und ziehen Sie den Faden auf der Nadel fest.

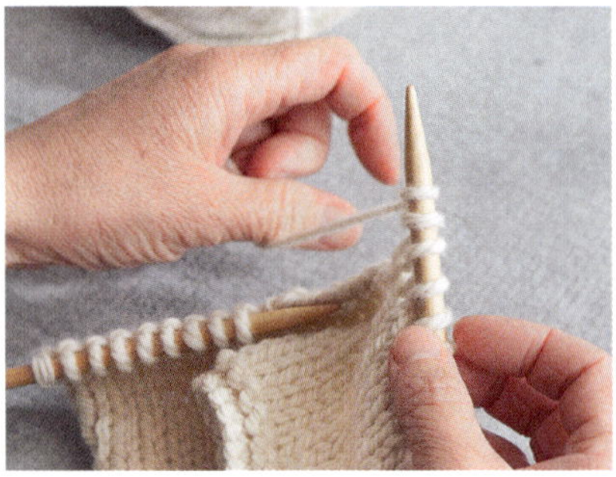

SCHRITT 3

Daumen und Garn wie zuvor positionieren und Schritt 1 und 2 wiederholen.

Aufschlingen (für die Achsel)

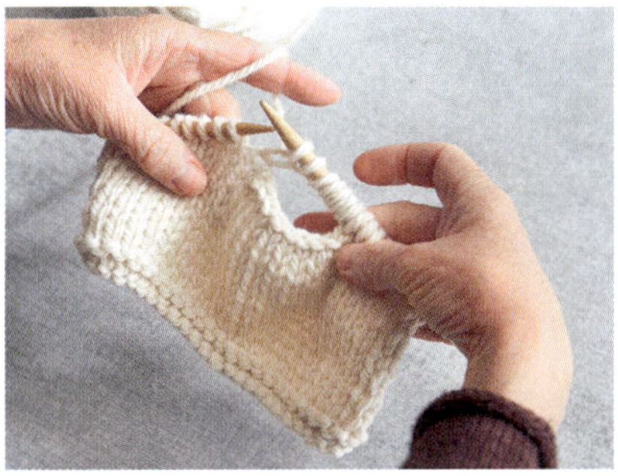

Beim Aufschlingen bleibt die Verbindungsstelle zwischen Maschenanschlag und Strickstück immer locker. Um das in der Achsel zu vermeiden, schlage ich zunächst 2 Maschen weniger an als angegeben.

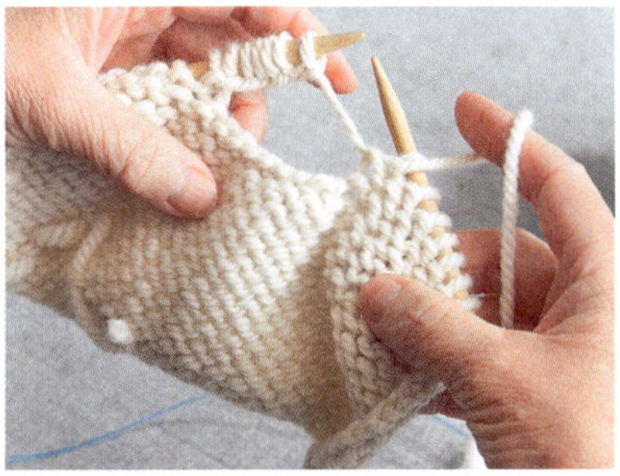

In der nächsten Reihe oder Runde nehme ich vor und nach den Anschlagmaschen je 1 Masche rechts verschränkt zu, um den Faden zu straffen. Dies wird in den Anleitungen ebenfalls beschrieben.

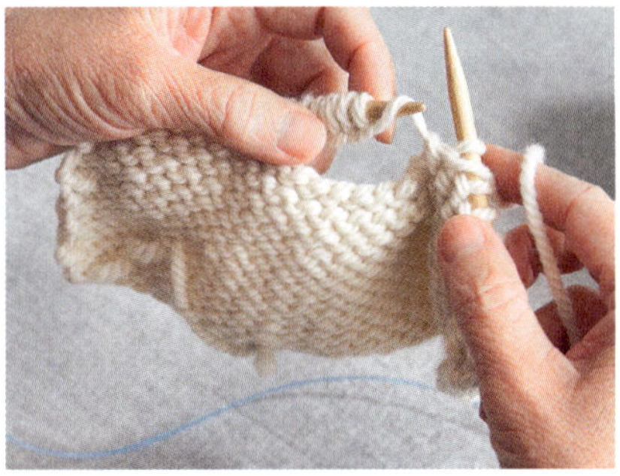

Für das verschränkte Zunehmen nehmen Sie den lockeren Faden von hinten auf die linke Nadel.

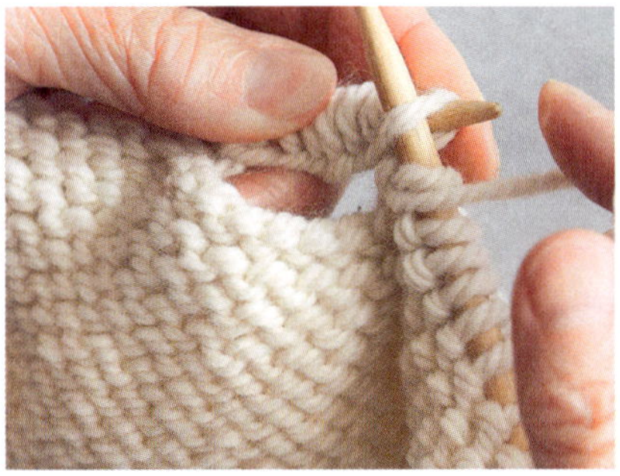

Nun 1 Masche rechts (bzw. links in einer Rück-R) aus dem Faden vor der Nadel stricken. Eine neue Masche ist gestrickt und der Faden gestrafft.

Maschenzunahme rechts aus der Vorreihe, nach rechts geneigt (Hin-R)

Knit Through Left Loop (KLL)

Diese Methode kommt immer dann zum Einsatz, wenn eine nach rechts geneigte Zunahme gewünscht ist. Die neue Masche wird nach dem Stricken einer rechten Masche zugenommen bzw. links von dieser Masche. So lassen sich die Zunahmen gut voneinander unterscheiden.

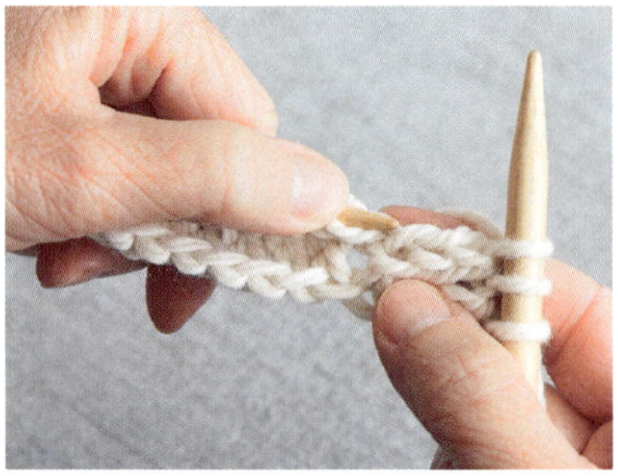

VORBEREITUNG

Suchen Sie, nachdem Sie eine rechte Masche gestrickt haben, das „V" 2 Reihen unter dieser Masche auf der rechten Nadel.

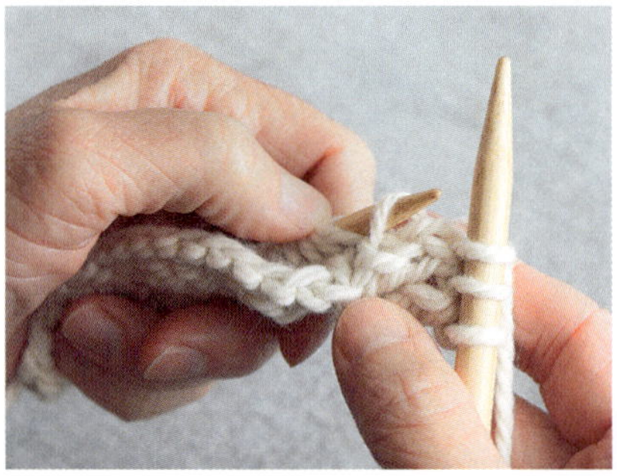

SCHRITT 1

Stechen Sie mit der linken Nadel von hinten in das linke Maschenglied und heben Sie es auf die Nadel. Diese Maschenglied auf der linken Nadel ist Ihre zugenommene Masche.

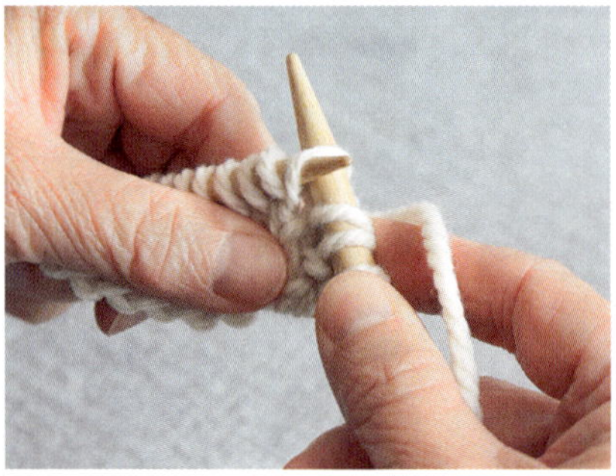

SCHRITT 2

Stechen Sie die rechte Nadel durch das hintere Maschenglied und stricken Sie es rechts ab.

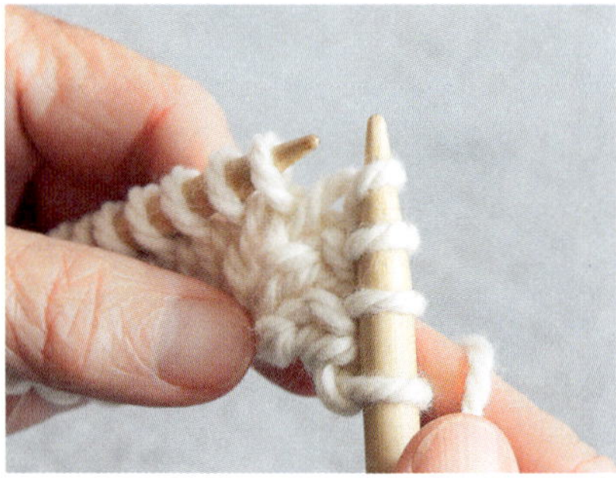

FERTIGE KLL-ZUNAHME

Maschenzunahme rechts aus der Vorreihe, nach links geneigt (Hin-R)

Knit Through Right Loop (KRL)

Diese Methode kommt immer dann zum Einsatz, wenn eine nach links geneigte Zunahme gewünscht ist. Die neue Masche wird vor dem Stricken der nächsten Masche zugenommen, also rechts von dieser.

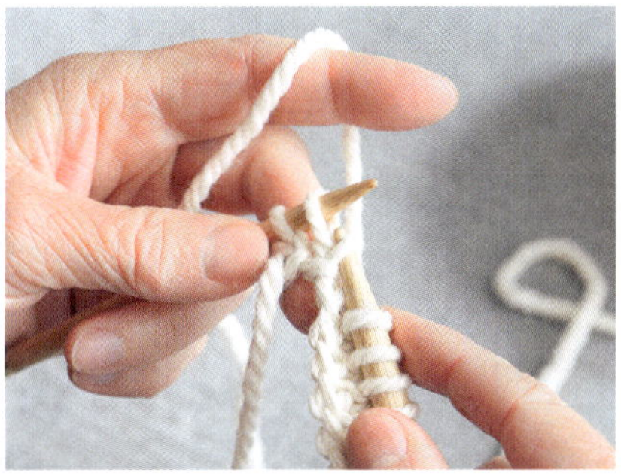

VORBEREITUNG

Stechen Sie mit der rechten Nadel von hinten durch das rechte Maschenglied des „V“ direkt unter der Masche auf der linken Nadel.

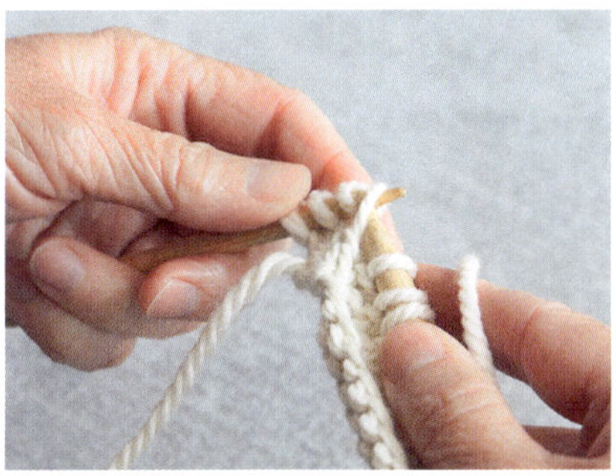

SCHRITT 1

Heben Sie dieses Maschenglied auf die linke Nadel.

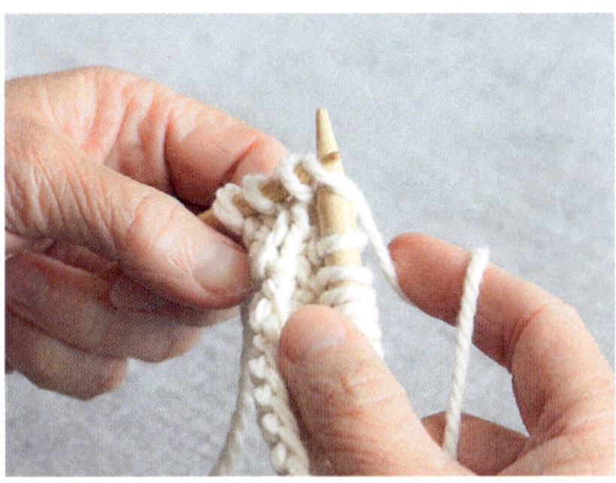

SCHRITT 2

Stricken Sie das Maschenglied rechts ab. Bei manchen stark gezwirnten Garnen entsteht bei dieser Methode ein Loch. In diesem Fall stricken Sie die Masche verschränkt ab (durch das hintere statt durch das vordere Maschenglied).

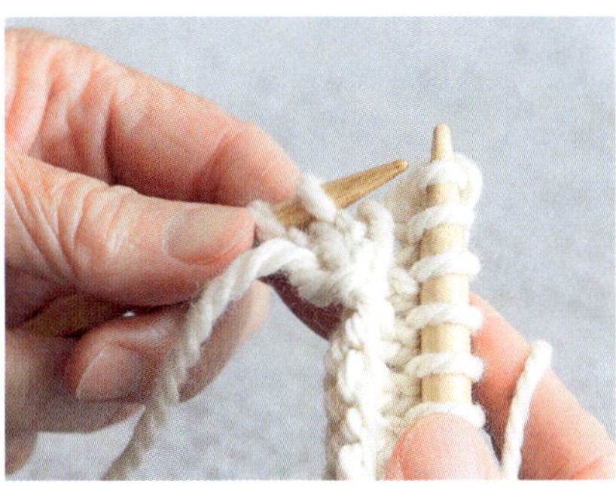

FERTIGE KRL-ZUNAHME

Maschenzunahme links aus der Vorreihe, nach links geneigt (Rück-R)

Purl Through Left Loop (PLL)

Diese Methode kommt immer dann zum Einsatz, wenn eine Zunahme auf der Rückseite erfolgt, die auf der Vorderseite als nach links geneigte Zunahme erscheint. Die neue Masche wird nach dem Stricken einer linken Masche zugenommen.

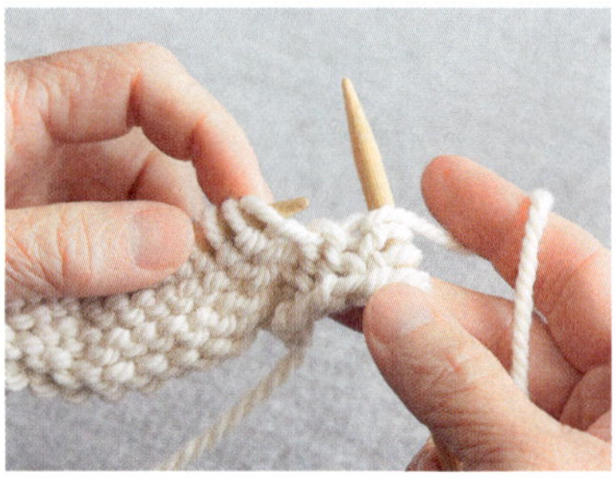

VORBEREITUNG

Suchen Sie den Querfaden der linken Masche 2 Reihen unter der letzten Masche auf der rechten Nadel.

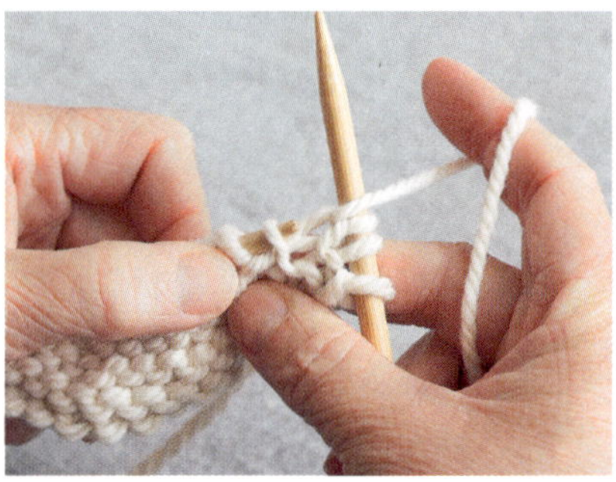

SCHRITT 1

Stechen Sie mit der linken Nadel von unten nach oben durch diesen Querfaden. Dieser Querfaden auf der linken Nadel ist Ihre zugenommene Masche.

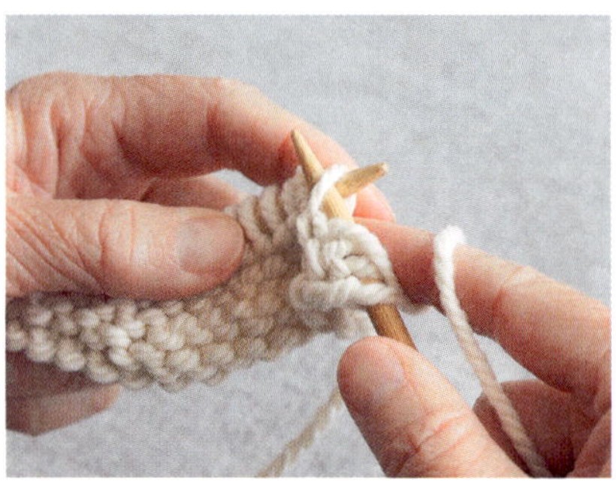

SCHRITT 2

Stechen Sie die rechte Nadel durch das vordere Maschenglied und stricken Sie sie links ab.

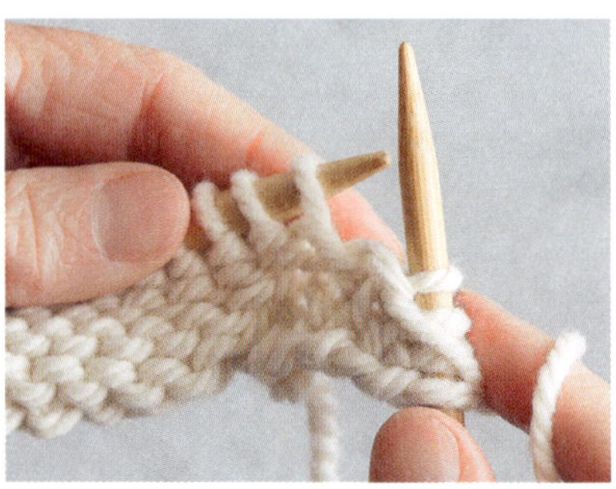

FERTIGE PLL-ZUNAHME

Maschenzunahme aus der Vorreihe, nach rechts geneigt (Rück-R)

Purl Through Right Loop (PRL)

Diese Methode kommt immer dann zum Einsatz, wenn eine Zunahme auf der Rückseite erfolgt, die auf der Vorderseite als nach rechts geneigte Zunahme erscheint. Die neue Masche wird vor dem Stricken der folgenden linken Masche zugenommen.

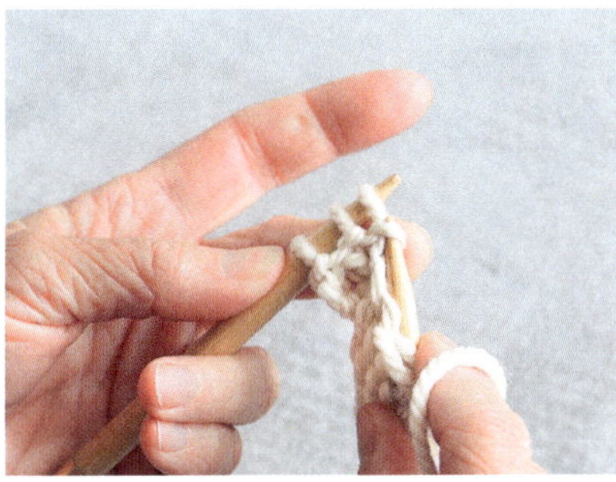

VORBEREITUNG

Stechen Sie mit der rechten Nadel von unten nach oben durch den Querfaden der linken Masche direkt unterhalb der nächsten Masche auf der linken Nadel.

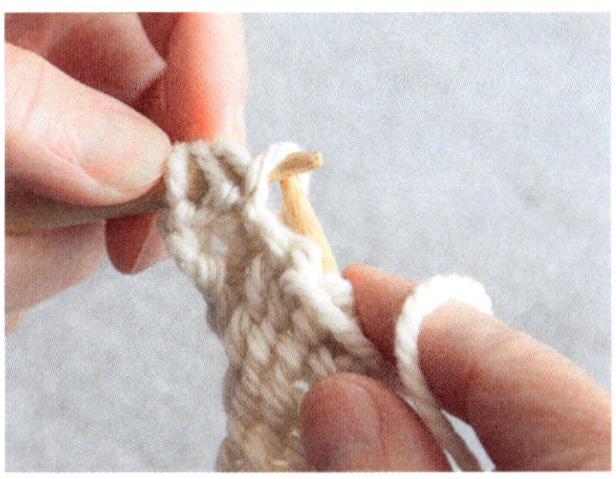

SCHRITT 1

Heben Sie den Faden auf die linke Nadel, ohne ihn zu verdrehen.

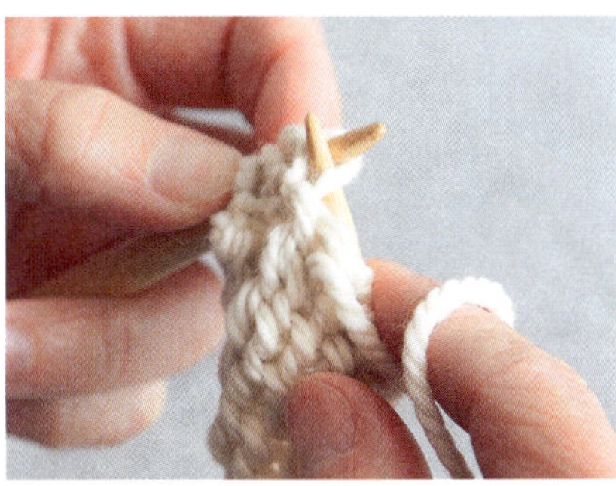

SCHRITT 2

Stechen Sie mit der rechten Nadel von hinten nach vorn durch das hintere Maschenglied der neuen Masche und stricken Sie die Masche links ab. Bei manchen stark gezwirnten Garnen entsteht bei dieser Methode ein Loch. In diesem Fall stricken Sie die Masche verschränkt ab (durch das vordere statt durch das hintere Maschenglied).

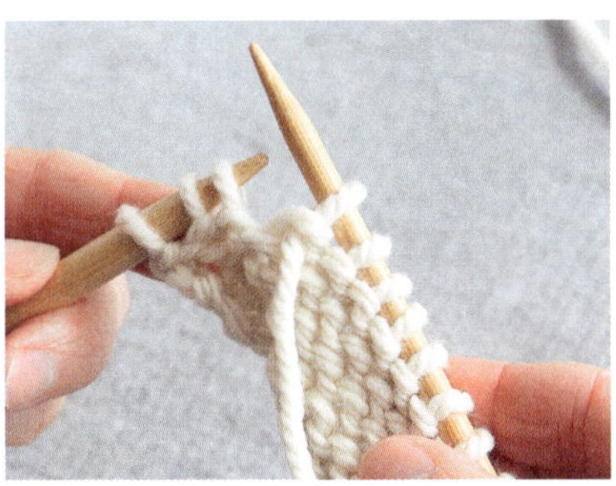

FERTIGE PRL-ZUNAHME

Maschen auffassen

Bei der Cocoknits-Methode fassen Sie bei jedem Pullover an den rückwärtigen Schultern und am oberen Ärmelrand Maschen auf. Diese aufgefassten Maschen bilden die Struktur und die Grundlage des gesamten Pullovers. Da die Aufnahmen an stark belasteten Verbindungsstellen erfolgen, muss die Methode ein möglichst robustes Ergebnis erzielen. Meine Technik kommt im Aussehen einer Naht am nächsten und sorgt für eine feste Verbindung ohne Löcher.

Bei der üblichen Methode wird die rechte Nadel eingestochen, der Faden darumgeschlungen und in einer Schlinge durch die Arbeit geholt, sodass eine neue Masche auf der Nadel liegt. Diese Maschen werden nacheinander bis zum Ende der Reihe aufgenommen und dann abgestrickt.

Bei meiner Methode, die ich auf den folgenden Seiten erkläre, werden die Maschen erst auf die Nadel aufgefasst und dann gestrickt. Das führt meiner Erfahrung nach zu den saubersten und stabilsten Ergebnissen.

Aufgenommen wird am senkrechten Seitenrand des Strickstücks, im rechten Winkel zu den Nadeln. Fassen Sie mit einer dünnen Stricknadel oder Rundnadel (2–3,25 mm) die waagerechten Querfäden zwischen der Randmasche und der 1. Masche in jeder Reihe auf. Diese Querfäden verwendet man übrigens auch für den unsichtbaren Matratzenstich beim Zusammennähen der einzelnen Teile.

Da die 1. Masche oft locker ist oder sich einrollt, legen Sie den Rand flach und machen die beiden Endmaschen aus. Nun suchen Sie die Querfäden zwischen diesen beiden Maschen und achten darauf, dass Sie während der ganzen Aufnahme in diesem „Tal" bleiben (siehe Fotos auf den folgenden Seiten). Nachdem Sie die Querfäden aufgefasst haben, stricken Sie sie rechts verschränkt ab und passen dabei die Anzahl gemäß der Anleitung an.

Überprüfen Sie immer, wie viele Maschen Sie nach der Anleitung auffassen sollen. Häufig gibt es mehr Querfäden, als Sie letztendlich an Maschen brauchen, daher müssen Sie mehrmals 2 Maschen rechts verschränkt zusammenstricken. Rechnen Sie erst aus, wie oft das nötig ist, bevor Sie zu stricken beginnen. Wenn im Beispiel auf der nächsten Seite gemäß Anleitung insgesamt 10 Maschen aufgenommen werden sollen, müssten Sie zweimal 2 Maschen rechts zusammenstricken, um die 12 aufgefassten Querfäden auf 10 Maschen zu reduzieren.

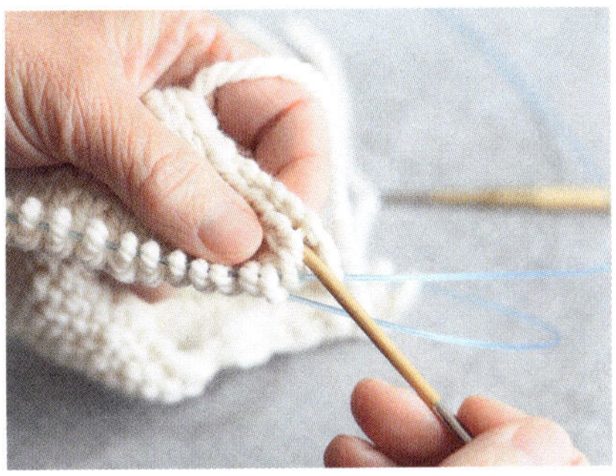

VORBEREITUNG

Suchen Sie die Querfäden.

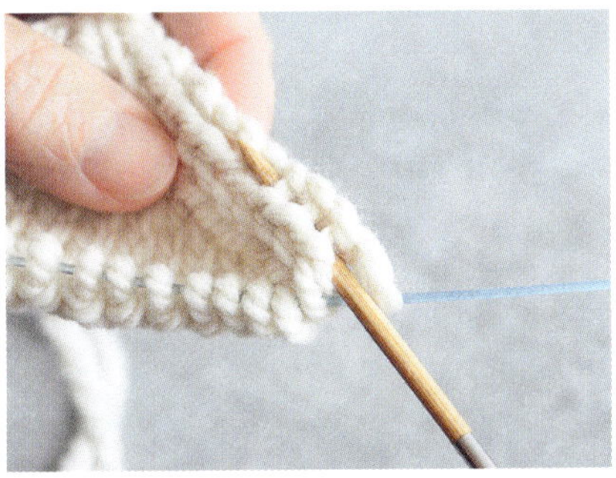

SCHRITT 1

Beginnen Sie mit dem Auffassen, mit der Vorderseite nach oben, am rechten Rand im „Tal“ zwischen der ersten und der zweiten Masche. Führen Sie eine Nadelspielnadel von rechts nach links unter 3 Querfäden durch, dann über den 4. Querfaden.

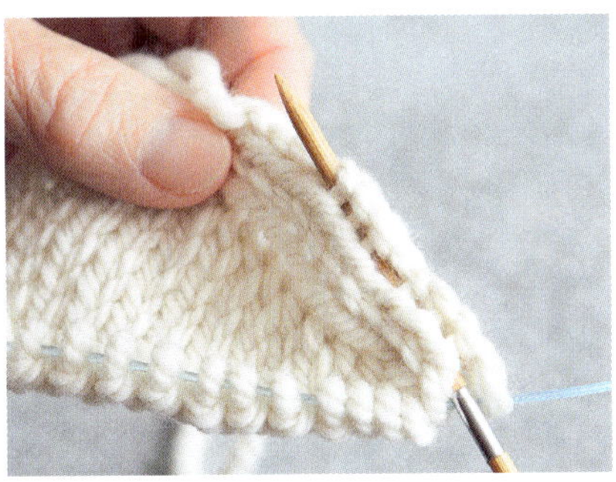

SCHRITT 2

Auf diese Weise rutscht die Nadel nicht heraus und die aufgenommenen Querfäden lassen sich besser zählen. Achtung: Auch wenn jeder 4. Querfaden nicht aufgenommen wird, muss er trotzdem mitgezählt und abgestrickt werden!

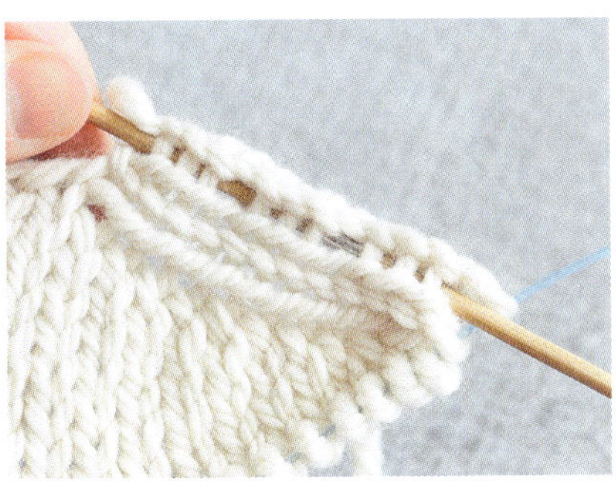

SCHRITT 3

Die Querfäden zählen. Auf dem Foto sind 12 Querfäden zu sehen: 3 Dreiergruppen plus 2 unsichtbare Querfäden unter der Nadel (zwischen den Dreiergruppen, plus ein unsichtbarer Querfaden ganz am Ende).

⟶

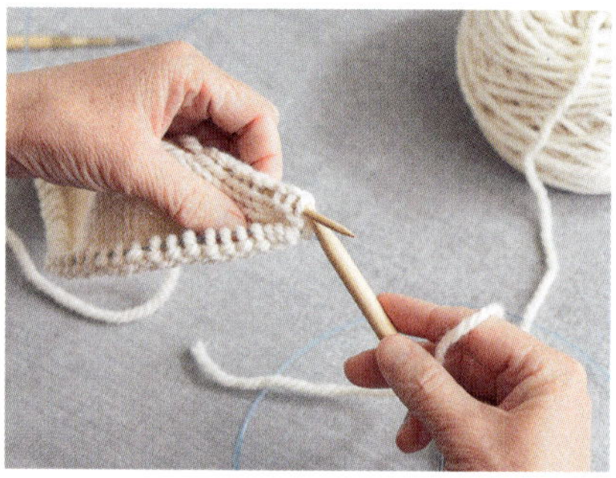

SCHRITT 4

Schieben Sie die Nadel nach dem Auffassen der Querfäden von rechts nach links.

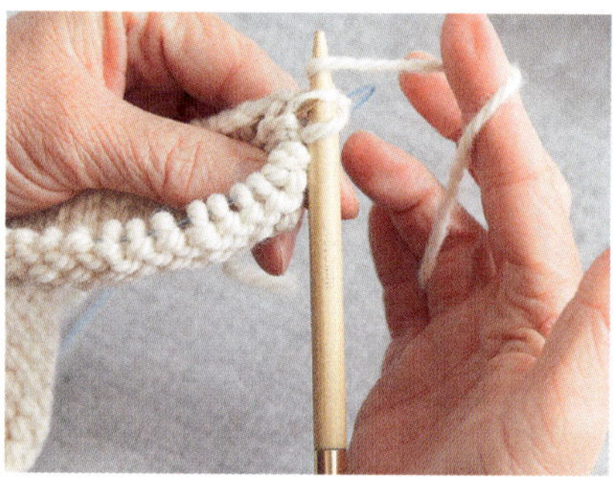

SCHRITT 5

Die Querfäden wie normale Maschen verschränkt (durch das hintere Maschenglied) oder gerade (durch das vordere Maschenglied) rechts abstricken. Ich stricke sie verschränkt ab, da sie so leichter von der Nadel gleiten. Sie können die Querfäden aber auch normal rechts abstricken. Achten Sie nur darauf, dass Sie bei einer Strickart bleiben (alle verschränkt oder alle gerade).

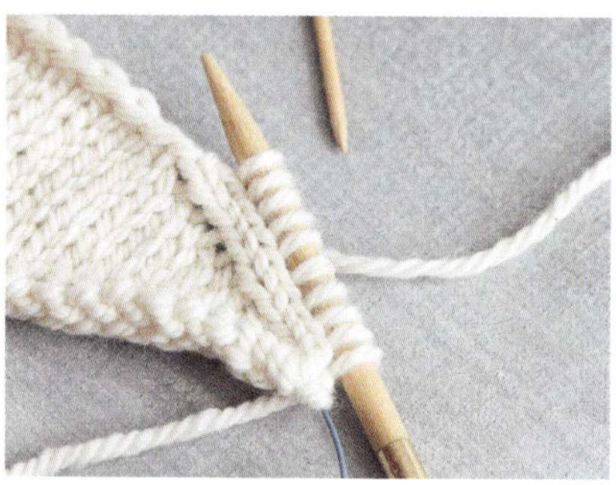

AUFGEFASSTE UND ABGESTRICKTE MASCHENREIHE

Da jeder 4. Querfaden beim Aufnehmen ausgelassen wurde, müssen Sie diese Querfäden beim Abstricken noch aufnehmen und verschränkt abstricken. Denken Sie daran, so oft 2 Maschen rechts verschränkt zusammenzustricken, dass zum Schluss die in der Anleitung angegebene Anzahl an Maschen auf der Nadel liegt.

Um die Ecke stricken

Abgewandelte Magic-Loop-Methode

Bei der Cocoknits-Methode müssen Sie für die Schultern in den ersten Reihen der Passe um die Ecke stricken. Ich wende dazu eine abgewandelte Magic-Loop-Technik an. Normalerweise werden mit der Magic-Loop-Methode Projekte mit geringem Umfang wie Socken oder Ärmel auf einer langen Rundstricknadel in Runden gestrickt. Bei dieser Methode ziehen Sie eine Seilschlaufe heraus, um die Maschen voneinander zu trennen und bequem um die Ecke zu stricken.

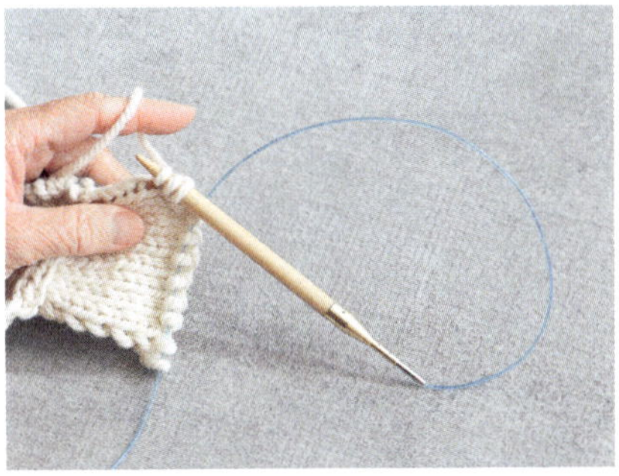

VORBEREITUNG

Für die abgewandelte Magic-Loop-Methode zum Um-die-Ecke-stricken in den Projekten in diesem Buch brauchen Sie eine Rundstricknadel von mindestens 100 cm Länge mit einem sehr weichen, biegsamen Seil. (Ich benutze gern das Addi-Click-System, weil die Nadeln sich auf die weichen Seile stecken statt schrauben lassen.)

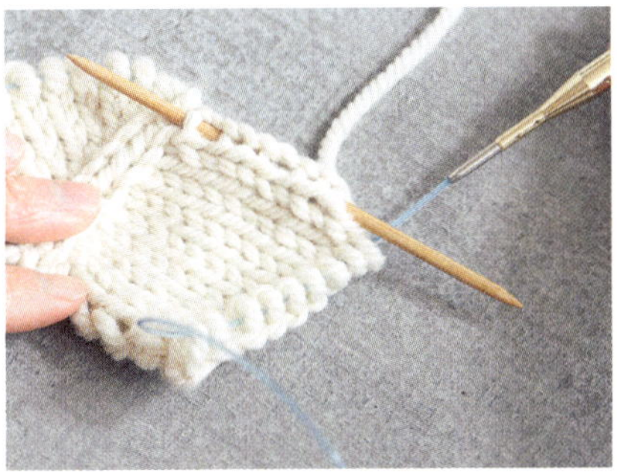

SCHRITT 1

Am Ende eines Abschnitts (auf dem Foto: linke Vorderseite) vor der Ecke zum nächsten Abschnitt (im Foto: linker Ärmel) die rechte (Arbeits-)Nadel so weit nach vorn ziehen, bis das Seil lang genug für eine Schlaufe ist.

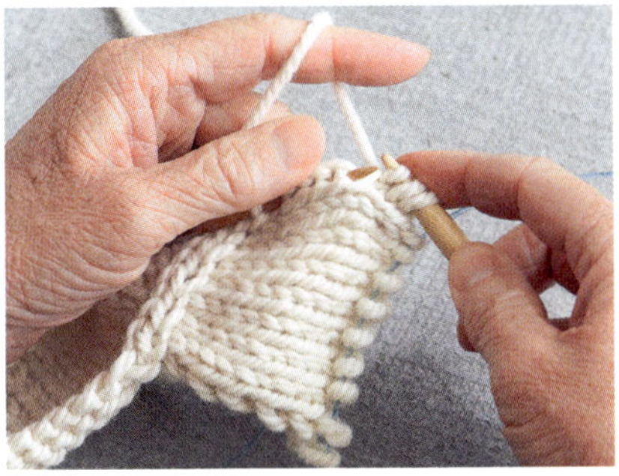

SCHRITT 2

Nun können Sie mit der rechten (Arbeits-)Nadel bequem die Maschen des nächsten Abschnitts stricken.

Nach den ersten Reihen werden die rechten Winkel immer runder, und die Passe verwandelt sich vom Rechteck zum Oval. Nun brauchen Sie keine Schlaufe mehr herauszuziehen und können die Kurven ganz normal mit der Rundstricknadel abstricken.

Verkürzte Hinreihen (Shadow-Wrap-Methode)

Verk Hin-R

Eine verkürzte Reihe wird nur zum Teil gestrickt, dann wird die Arbeit gewendet und zurückgestrickt. Auf diese Weise lassen sich dreidimensionale Formen oder geschwungene Kanten arbeiten. Ich verwende die Methode bei diesen Modellen für Halsausschnitte und Säume. Es gibt viele Methoden, verkürzte Reihen zu stricken, aber Shadow-Wrap ist definitiv meine Lieblingsmethode. Sie ist nicht nur praktisch unsichtbar, sondern auch einfach zu arbeiten, sobald man die Arbeitsschritte auswendig kann.

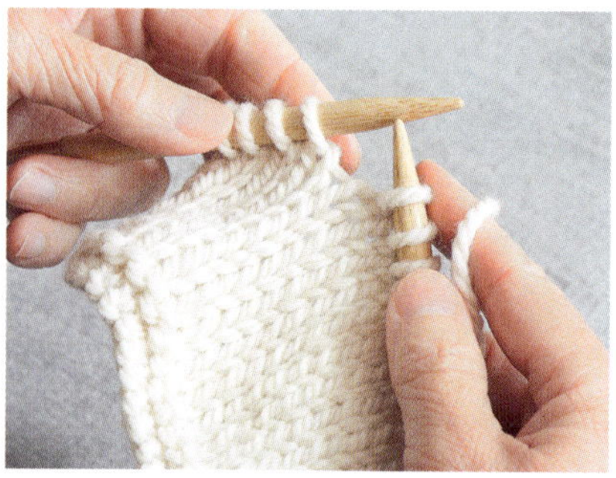

SCHRITT 1

Stricken Sie rechte Maschen auf der Vorderseite der Arbeit bis zur angegebenen Stelle für die verkürzte Reihe.

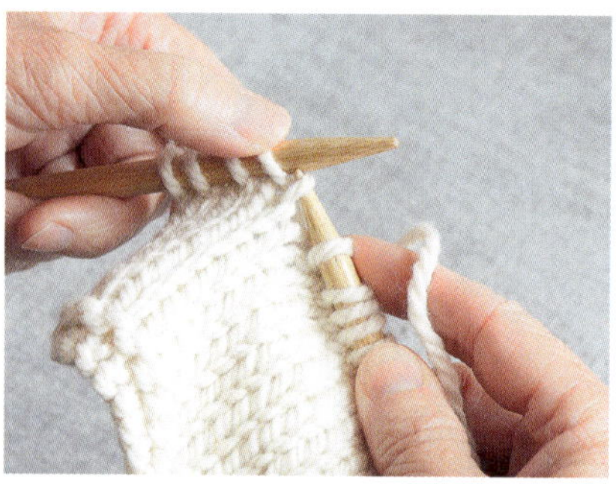

SCHRITT 2

Nehmen Sie vor dem Wenden das rechte Maschenglied der Masche direkt unter der nächsten Masche auf der linken Nadel auf.

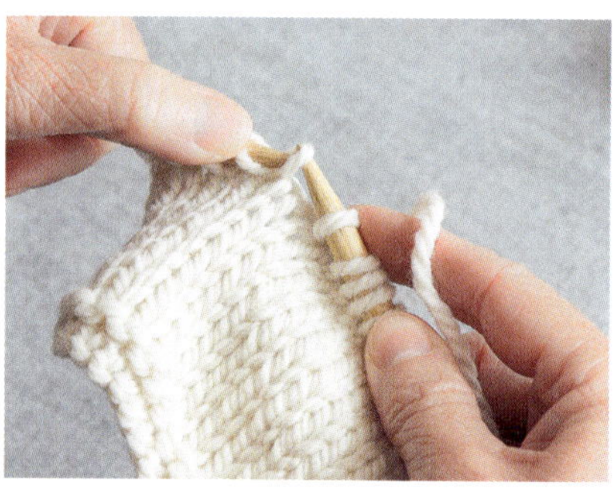

Heben Sie dieses Maschenglied auf die linke Nadel.

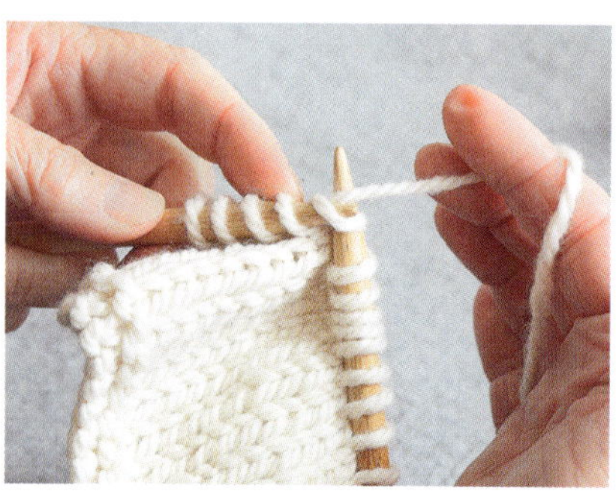

Stricken Sie die neue Masche rechts ab (KRL-Zunahme).

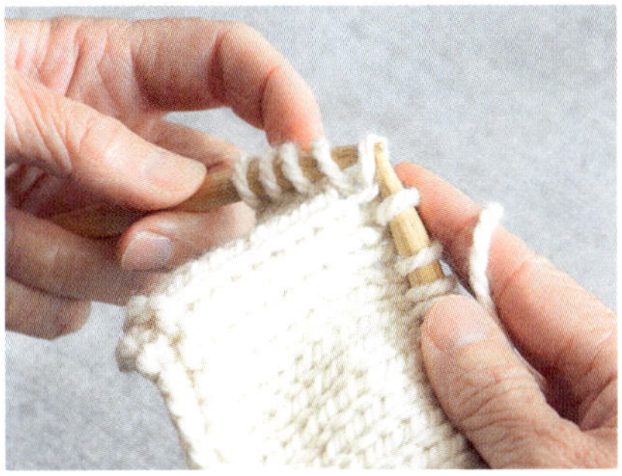

Heben Sie die eben gestrickte Masche wieder auf die linke Nadel, sodass sie direkt neben ihrem „Schatten“ liegt.

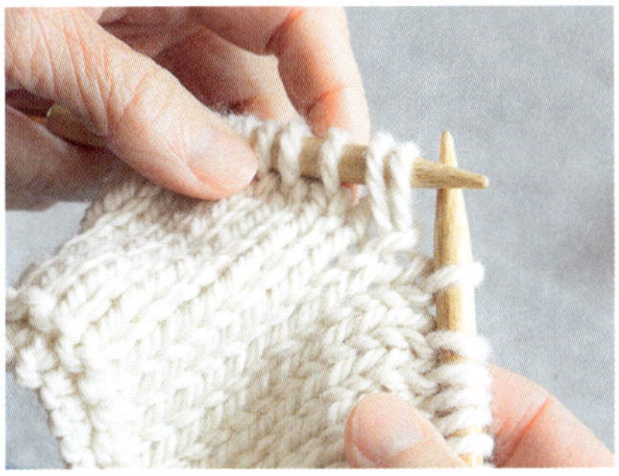

SCHRITT 3

Die Zwillings-Schattenmaschen liegen nun deutlich erkennbar direkt nebeneinander. Die Arbeit wenden und links zurückstricken.

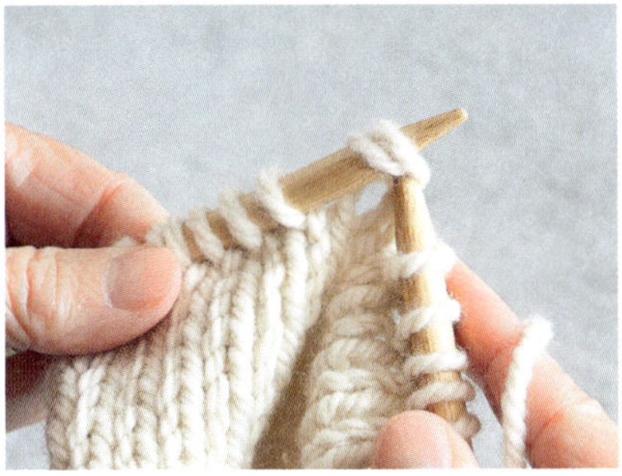

SCHRITT 4

Sobald Sie auf der Vorderseite zum Shadow-Wrap kommen, beenden Sie die verkürzte Reihe, indem Sie die beiden Schattenmaschen rechts zusammenstricken.

Verkürzte Rückreihen (Shadow-Wrap-Methode)

Verk Rück-R

Erklärung zu dieser Technik siehe S. 124

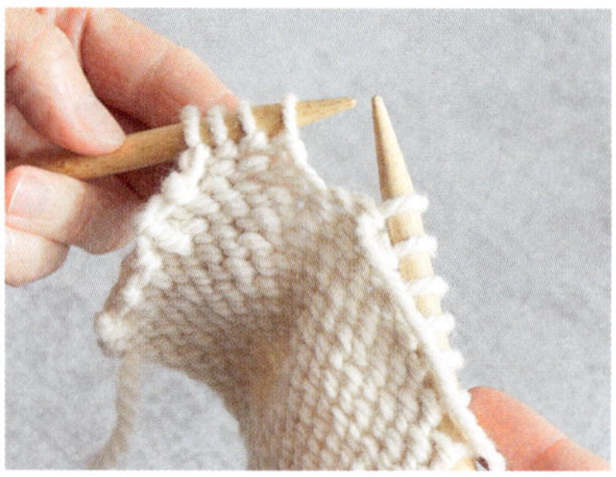

SCHRITT 1

Stricken Sie linke Maschen auf der Rückseite der Arbeit bis zur angegebenen Stelle für die verkürzte Reihe.

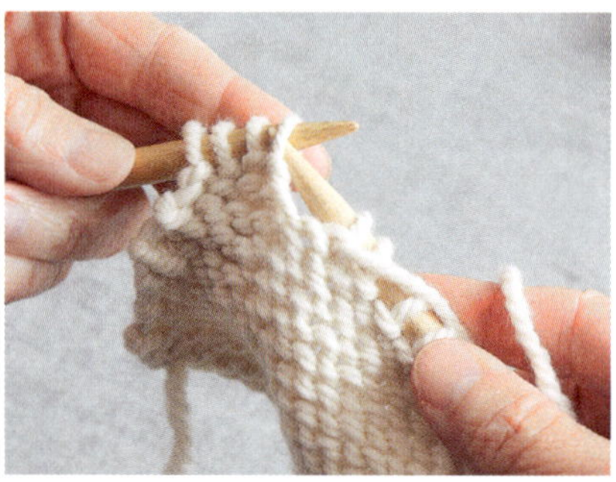

SCHRITT 2

Heben Sie vor dem Wenden die nächste Masche von der linken auf die rechte Nadel.

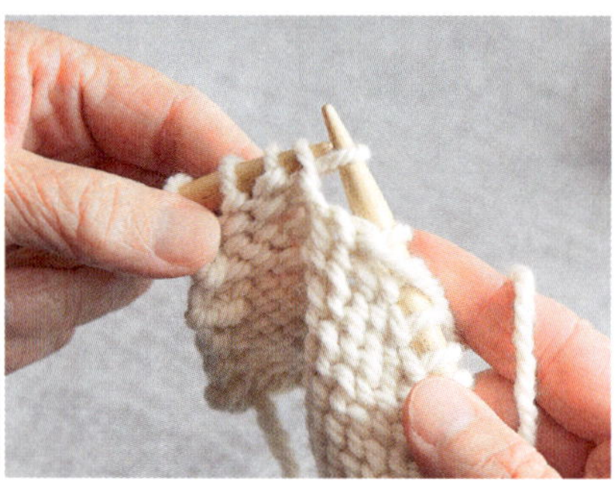

Stechen Sie die linke Nadel von unten nach oben durch den Querfaden der linken Masche direkt unter der rechten Nadel. (Diese Technik ähnelt einer PLL-Zunahme, allerdings arbeiten Sie direkt unter der Nadel statt 2 Reihen tiefer.)

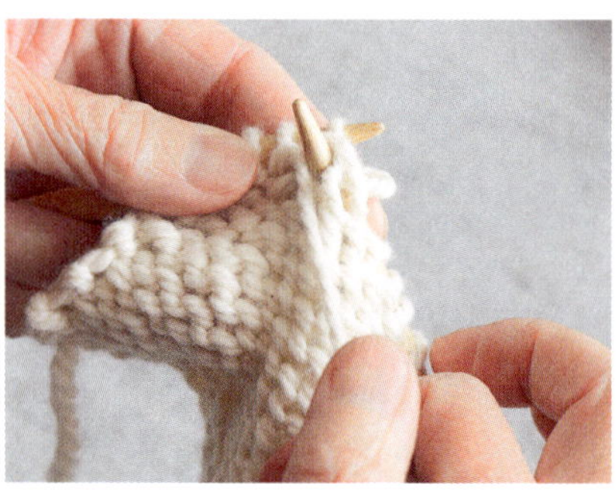

Die aufgenommene Masche links abstricken. Nun liegen 2 kleine „Schattenmaschen" nebeneinander.

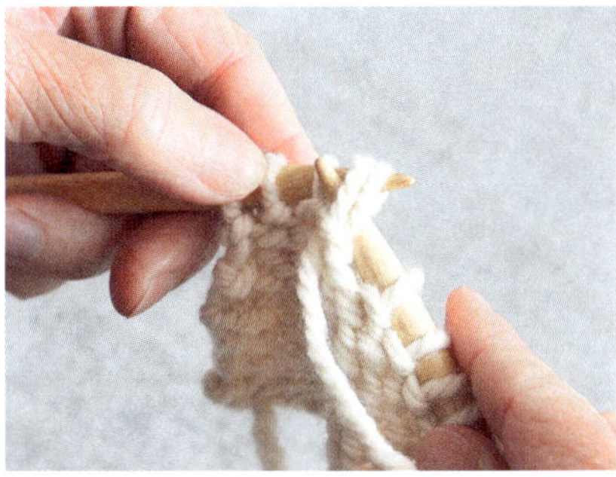

Heben Sie beide Schattenmaschen zusammen wieder auf die linke Nadel.

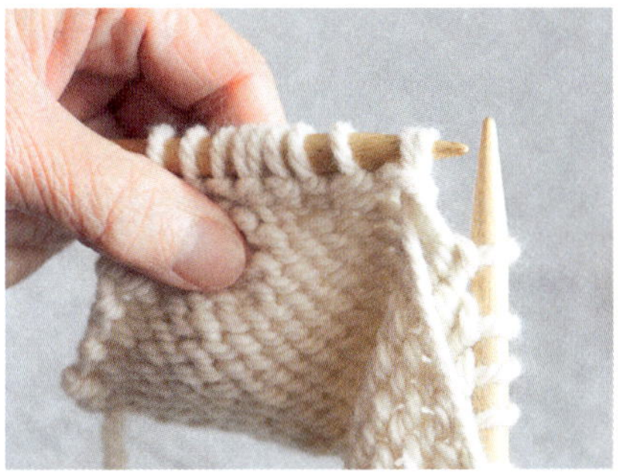

SCHRITT 3

Die Zwillings-Schattenmaschen liegen nun deutlich erkennbar direkt nebeneinander. Die Arbeit wenden und rechts zurückstricken.

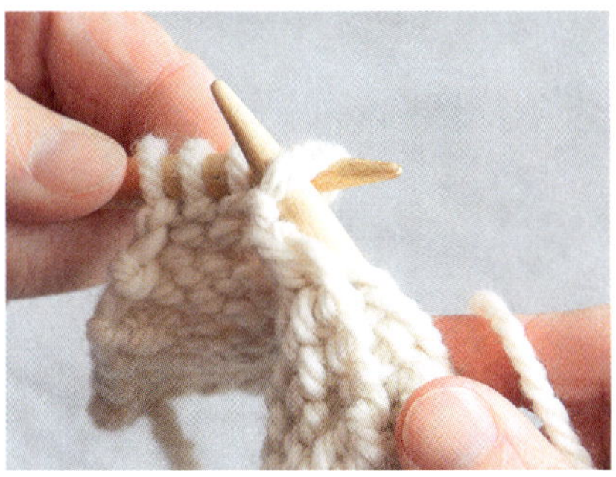

SCHRITT 4

Sobald Sie auf der Rückseite zum Shadow-Wrap kommen, beenden Sie die verkürzte Reihe, indem Sie die beiden Schattenmaschen links zusammenstricken.

Elastischer Abkettrand (Jeny's Stretchy Bind-off)

An Halsausschnitten und Blenden/Knopfleisten kette ich ganz normal im Musterverlauf ab – wenn ich zum Beispiel ein einfaches Rippenmuster arbeite, kette ich mit der Arbeitsnadel oder einer eine Nummer größeren Nadel (damit der Abkettrand nicht zu straff wird) im selben Muster ab. Saum und Ärmelabschlüsse erfordern jedoch einen elastischeren Rand. Dazu wende ich eine Methode namens „Jeny's Stretchy Bind-off" an, benutze dabei aber eine etwa halb so dicke Nadel wie meine Arbeitsnadel. So wird die Kante elastisch und bewahrt ihre Form, sieht jedoch ordentlicher aus.

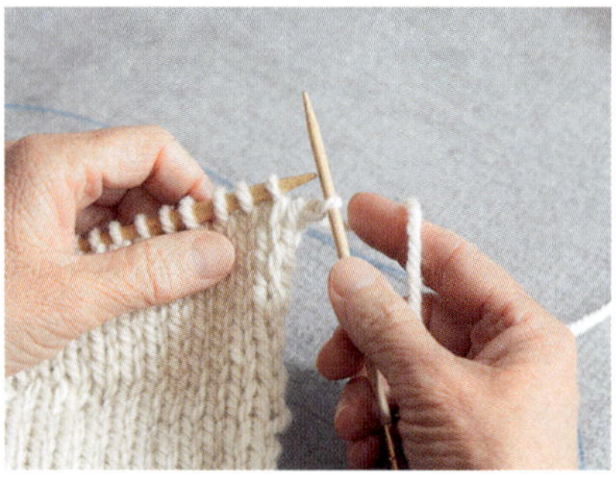

VORBEREITUNG

Stricken Sie die 1. Masche rechts oder links, wie sie erscheint. Anschließend wie folgt fortfahren.

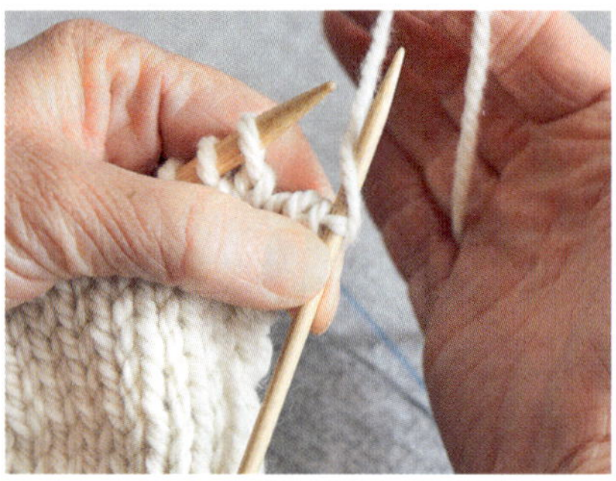

VOR EINER RECHTEN MASCHE

SCHRITT 1

Arbeiten Sie 1 umgekehrten Umschlag (Faden von hinten nach vorn über die rechte Nadel legen), dann stricken Sie 1 Masche rechts.

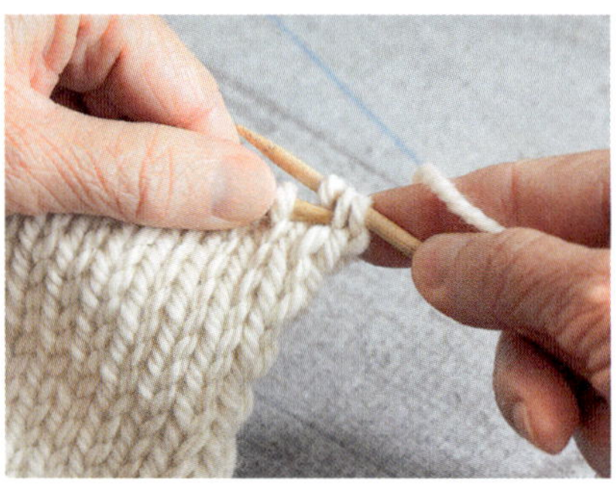

SCHRITT 2

Ziehen Sie auf der rechten Nadel die 2. und 3. Masche über die 1. Masche: 1 Masche ist abgekettet, 1 Masche liegt auf der rechten Nadel.

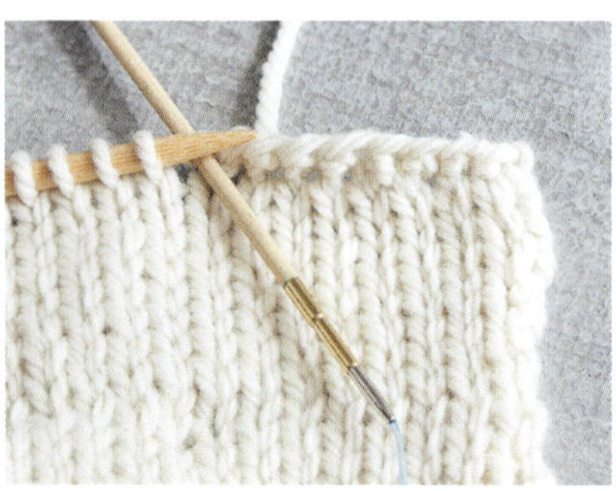

Die Schritte 1 und 2 stets wiederholen, bis alle Maschen abgekettet sind.

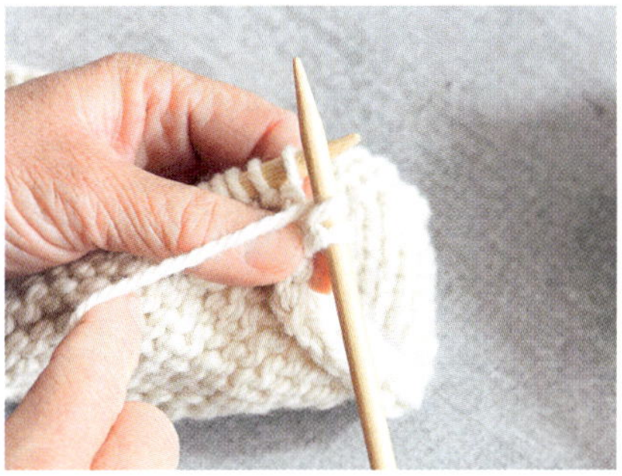

VOR EINER LINKEN MASCHE

SCHRITT 1

Arbeiten Sie 1 normalen Umschlag (Faden von vorn nach hinten über die rechte Nadel legen und wieder nach vorn führen), dann stricken Sie 1 Masche links stricken

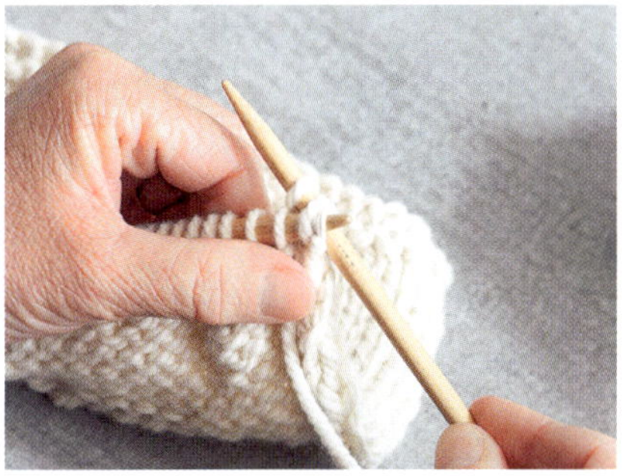

SCHRITT 2

Ziehen Sie auf der rechten Nadel die 2. und 3. Masche über die 1. Masche: 1 Masche ist abgekettet, 1 Masche liegt auf der rechten Nadel.

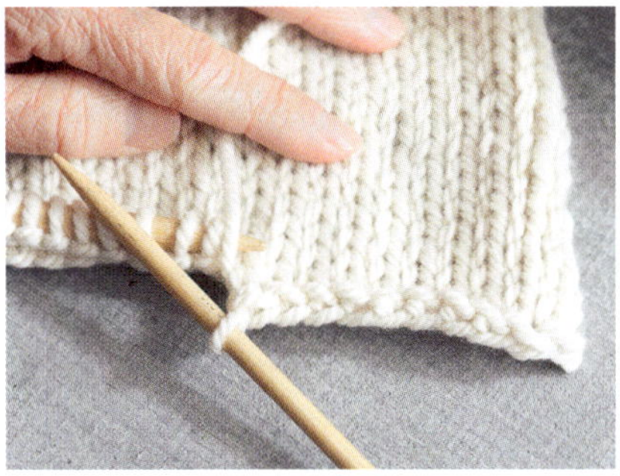

Die Schritte 1 und 2 stets wiederholen, bis alle Maschen abgekettet sind.

Waagerechte Naht im Maschenstich schließen (für die Achsel)

Bei vielen von oben nach unten gestrickten Pullovern müssen unter dem Arm am Rumpf Maschen für die Achsel aufgenommen werden. Stabilität an dieser Stelle ist wichtig, da sie beim Tragen des Kleidungsstücks Reibung ausgesetzt ist. Deshalb schlage ich für die Achsel an Rumpf und Ärmeln Maschen an und schließe die entstandene Öffnung im Maschenstich. Man muss an dieser Stelle ohnehin Fadenenden vernähen, also kombiniere ich beides und erhalte eine schöne, stabile Achselnaht.

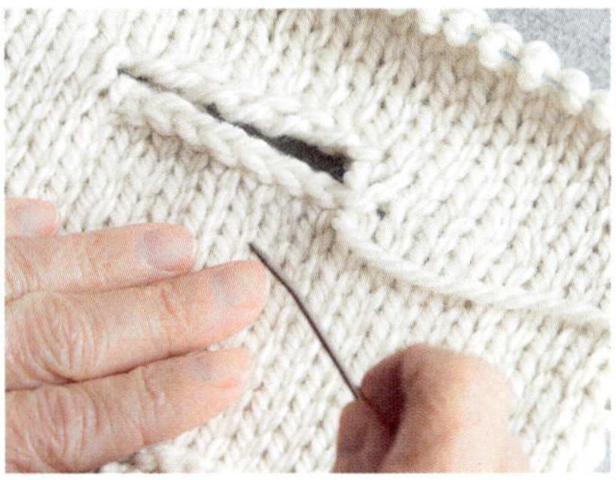

VORBEREITUNG UND SCHRITT 1

Sie können die Naht mit dem Fadenende des Anschlags für die Achsel schließen. Fädeln Sie das Fadenende in eine Wollnadel ein. Betrachten Sie die offene Achselnaht.
Suchen Sie nach den „V" zu beiden Seiten der Öffnung. Stellen Sie sich Pfeile vor, die auf die Öffnung zeigen: umgekehrte V am unteren Rand (die nach oben zur Naht zeigen), richtige V am oberen Rand (die nach unten zur Naht zeigen).

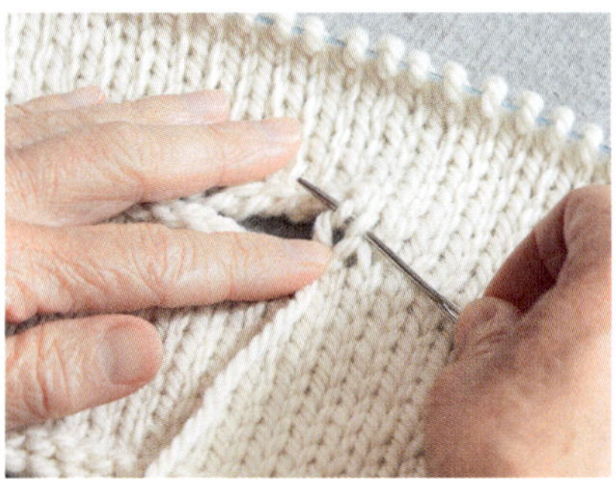

SCHRITT 2

Führen Sie die Nadel hinter die Spitze des ersten V an der oberen rechten Kante der Öffnung. Wenn die Randmaschen locker oder ausgeleiert sind, beginnen Sie die Naht auf einer oder beiden Seiten 1 Masche vor der Öffnung, um sie zu versäubern.

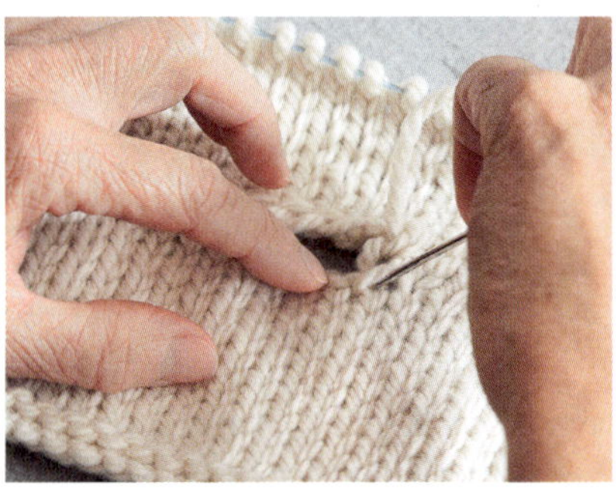

SCHRITT 3

Führen Sie die Nadel hinter der Spitze des gegenüberliegenden V durch.

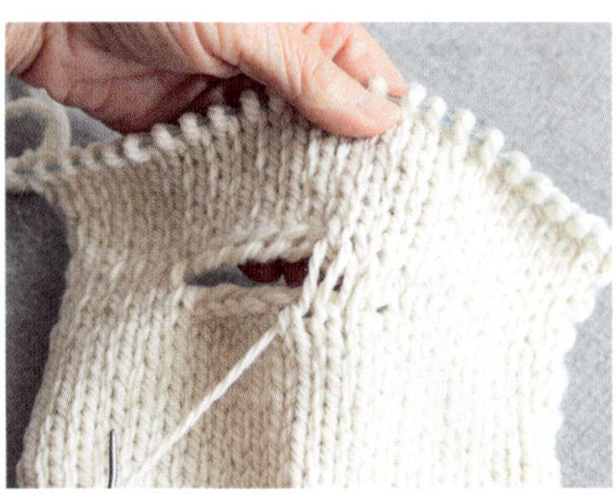

SCHRITT 4

Führen Sie auf diese Weise den Faden über die gesamte Öffnung erst durch die Spitze eines V, dann durch die Spitze des gegenüberliegenden V, bis die Naht geschlossen ist. Wenn auf einer Seite mehr Maschen sind als auf der anderen, müssen Sie die größere Maschenzahl der kleineren anpassen. Führen Sie dazu die Nadel auf der schmaleren Seite so oft wie nötig durch nur ein Maschenglied. Ziehen Sie den Faden alle paar Maschen fest, um die Naht zu schließen.

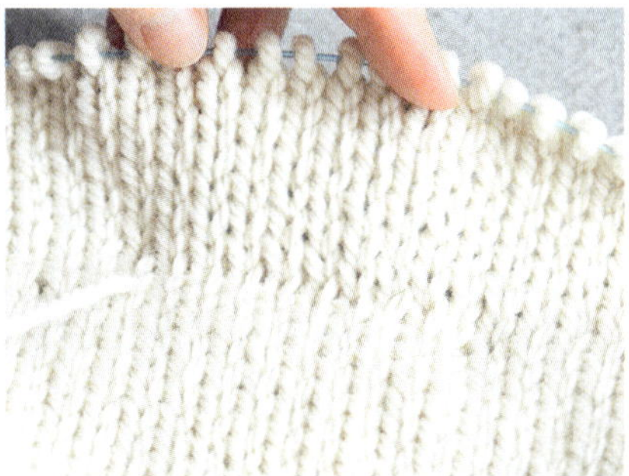

SCHRITT 5

Zum Schluss ziehen Sie den Faden auf die Rückseite durch.

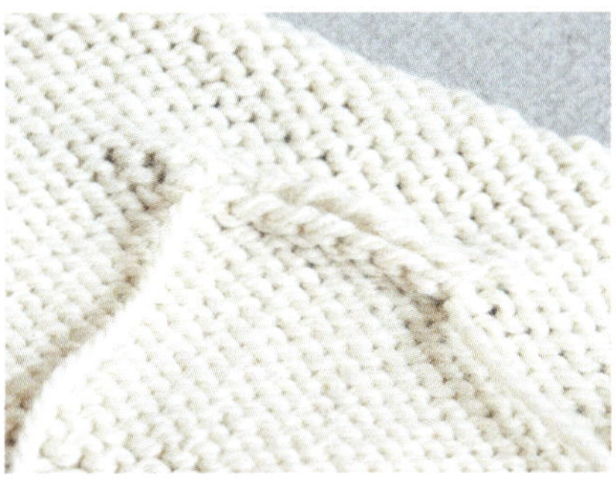

SCHRITT 6

Wenden Sie die Arbeit.

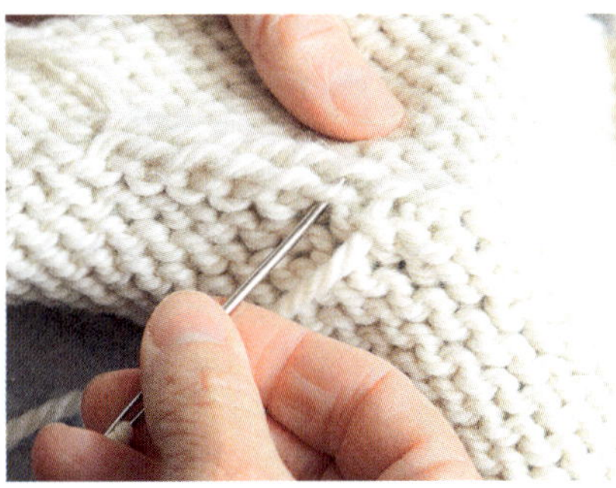

SCHRITT 7

Zum Vernähen führen Sie das Fadenende in Bögen durch die entstandene Naht. Den Faden abschneiden, ein kurzes Ende stehen lassen. Zwirbeln Sie das Fadenende auf, damit es nicht auf die Vorderseite rutscht (siehe Foto S. 135, Schritt 5).

Am Seitenrand aufnehmen

Für Blende/Knopfleiste

Verwenden Sie zum Aufnehmen von Maschen für die Blende/Knopfleiste eine dünne Rundstricknadel (ich bevorzuge eine 2 mm starke, 100 cm lange Rundstricknadel). Nehmen Sie die Maschen auf, wie unten beschrieben. Zählen Sie die aufgenommenen Maschen und prüfen Sie, wie viele Sie für die in der Anleitung angegebene Maschenzahl noch aufnehmen oder zusammenstricken müssen. Setzen Sie den Faden an, wechseln Sie zur Nadel in der angegebenen Stärke und stricken 1 Runde rechts. Nehmen Sie dabei zusätzliche Maschen auf oder stricken Sie sie zusammen, um auf die korrekte Maschenzahl zu kommen. Beginnen Sie mit dem Muster in der nächsten Reihe (= Rückreihe).

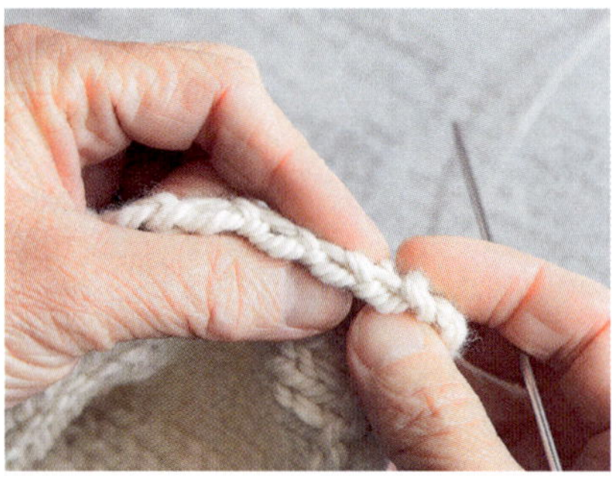

VORBEREITUNG UND SCHRITT 1

Suchen Sie die Randmasche – sie sieht aus wie ein V, rollt sich aber wahrscheinlich ein. Achten Sie daher darauf, die richtige zu erwischen.

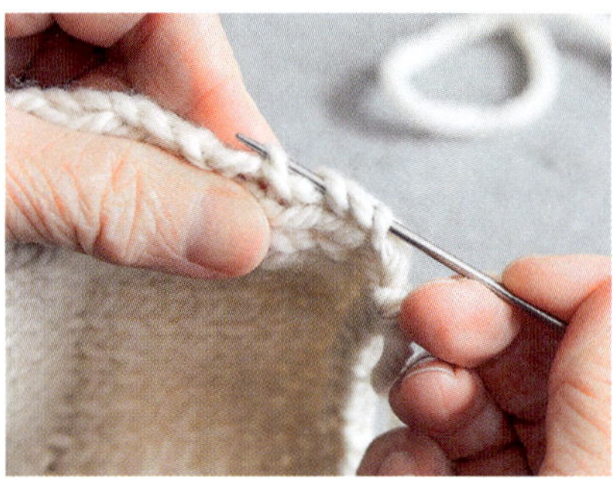

SCHRITT 2

Führen Sie die Nadel ins innere Maschenglied dieses V – nicht ins äußere, sondern in das am Innenrand des V. Nehmen Sie die ersten 3 Maschen auf und lassen Sie die 4. aus. Führen Sie die Nadel dabei so ein, wie es am leichtesten geht – egal, ob das V richtig oder verkehrt herum ist.

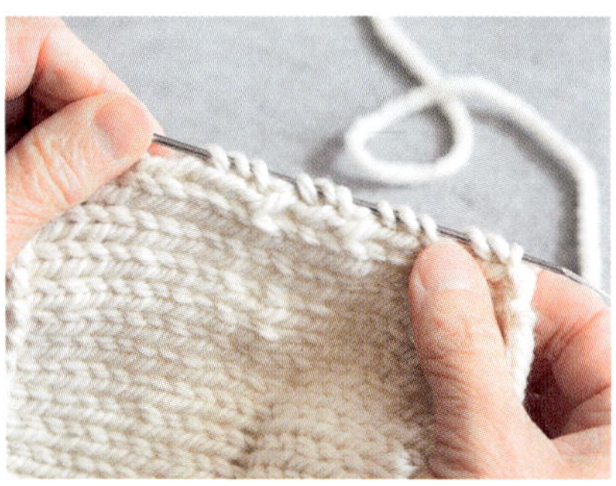

SCHRITT 3

Fahren Sie so fort – 3 Maschenglieder aufnehmen und jedes 4. auslassen –, bis alle Randmaschen aufgenommen sind. Dies entspricht dem Verhältnis von Reihen zu Maschen; das Auslassen jeder 4. Reihe sollte daher die korrekte Maschenanzahl für eine Knopflochleiste ergeben.

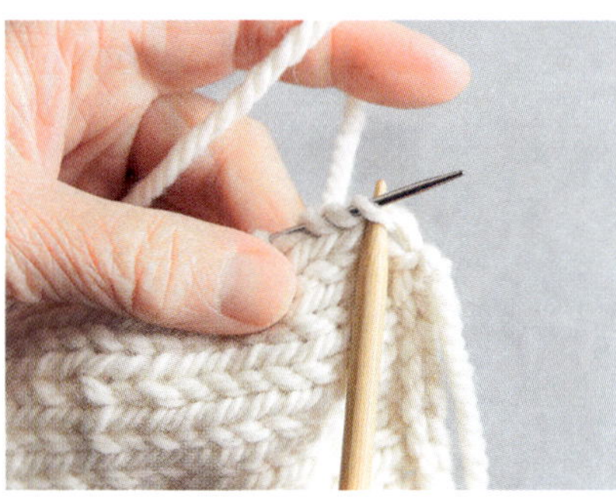

SCHRITT 4

Die neuen Maschen liegen entweder richtig herum oder verdreht auf der Nadel. Verdrehte Maschen stricken Sie verschränkt ab. Beim Arbeiten der ersten Grundreihe können Sie die übersprungenen 4. Maschenglieder mit aufnehmen und mit der Masche davor oder danach zusammenstricken. Normalerweise ist das nicht nötig, aber wenn Sie sich Sorgen wegen möglicher Löcher machen, gibt diese Methode mehr Sicherheit.

Am Halsausschnitt aufnehmen (einschließlich hinterer Halsausschnitt)

Verwenden Sie zum Aufnehmen von Maschen am Halsausschnitt eine dünne Rundstricknadel (ich bevorzuge eine 2 mm starke, 100 cm lange Rundstricknadel). Nehmen Sie die Maschen auf, wie unten beschrieben. Zählen Sie die aufgenommenen Maschen und prüfen Sie, wie viele Sie für die in der Anleitung angegebene Maschenzahl noch aufnehmen oder zusammenstricken müssen. Setzen Sie den Faden an, wechseln Sie zur Nadel in der angegebenen Stärke und stricken Sie 1 Runde rechts. Nehmen Sie dabei zusätzliche Maschen auf oder stricken Sie sie zusammen, um auf die korrekte Maschenzahl zu kommen. Beginnen Sie mit dem Muster in der nächsten Reihe (= Rückreihe).

AN EINER ANSCHLAGKANTE

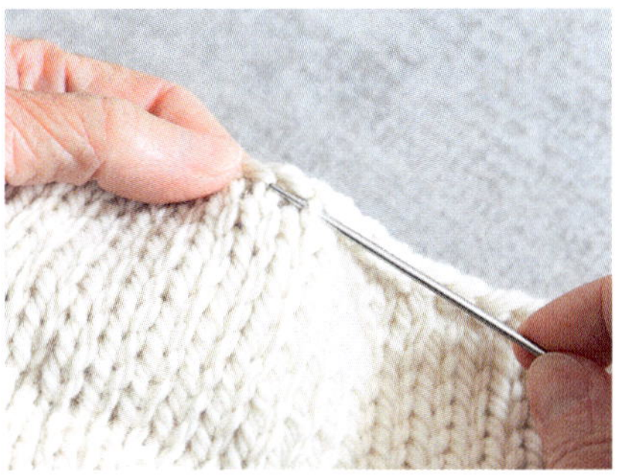

Die V-Maschen direkt unter dem Anschlagrand suchen und die dünne Rundstricknadel durch ein Maschenglied jedes V stechen. Ich steche meist von hinten ein und nehme das rechte Maschenglied auf, dabei arbeite ich von rechts nach links. Jedes Maschenglied wie eine Masche rechts abstricken.

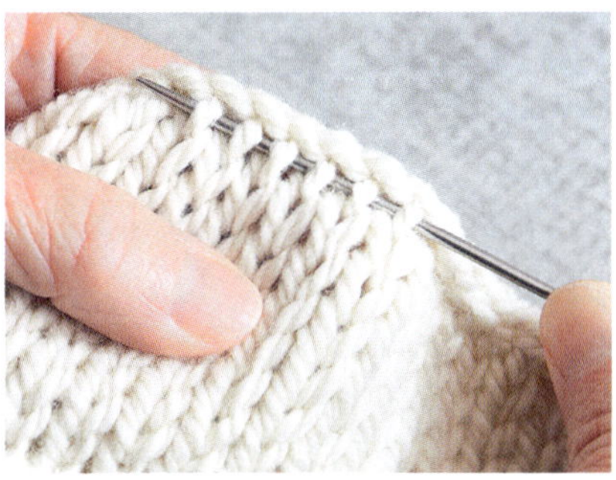

Hier sind die rechten Maschenglieder der aufgenommenen Maschen zu sehen. Stricken Sie die Maschen mit der Arbeitsnadel rechts ab.

Fadenenden in Doppelmaschen vernähen

Die beste Methode, Fadenenden zu vernähen, führt durch doppelte Maschen auf der Rückseite der Arbeit. Damit es auf der rechten Seite noch unsichtbarer wird, können Sie auch in das Garn stechen und den Faden durchziehen.

Ich wende diese Methode an, weil sie am wenigsten sichtbar ist; das Gestrick kann weich fallen, ohne sich an der vernähten Stelle zusammenzuziehen, außerdem hält sie am besten, und der Faden löst sich nicht wieder. In Bögen durch Doppelmaschen vernähte Fäden rutschen viel schwerer heraus als diagonal oder überwiegend gerade vernähte Fäden oder – um Himmels willen! – verknotete.

Im Beispiel unten habe ich dunkles Garn zum Vernähen genommen, um die Methode zu verdeutlichen. Sie benutzen natürlich das Garn Ihres Pullovers.

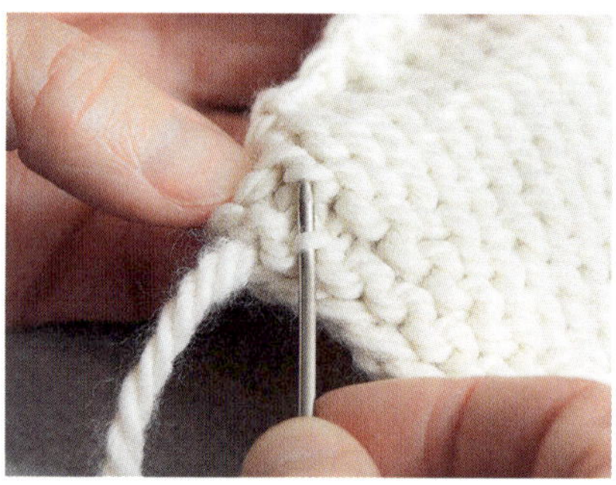

VORBEREITUNG

Wenn Sie den Faden in Doppelmaschen durch das Garn vernähen möchten, betrachten Sie die Rückseite Ihres Strickstücks. Sie sehen, dass jede Reihe mit der Reihe darüber (durch Bögen nach oben) und darunter (durch Bögen nach unten) verbunden ist. Sie folgen dem Pfad einer Reihe, die sich in Achten vom oberen zum unteren Bogen schlängelt. Stechen Sie dabei mit der Nadel durch das Garn, damit das vernähte Fadenende noch weniger sichtbar wird.

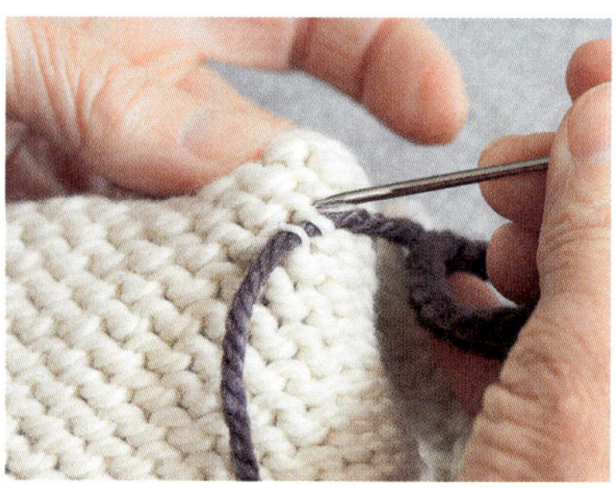

SCHRITT 1

Führen Sie die Nadel durch 2 Bögen.

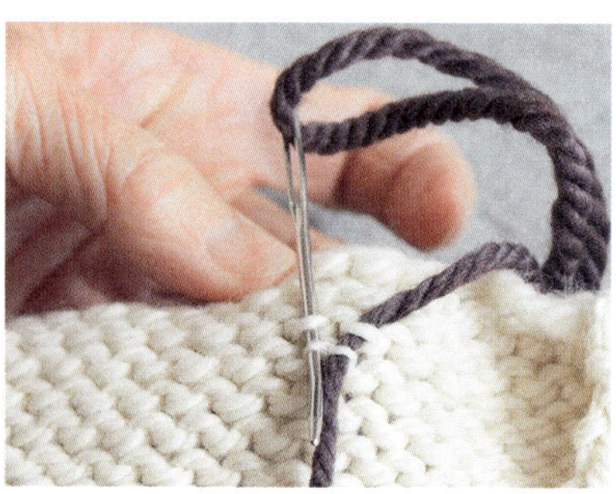

SCHRITT 2

Versetzen Sie die Nadel nach links, um einen Bogen nach oben zu erzeugen, und führen Sie sie durch 2 Bögen schräg nach unten.

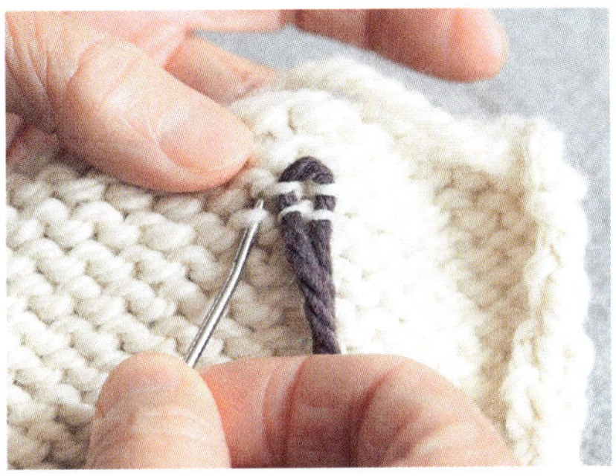

SCHRITT 3

Versetzen Sie die Nadel nach links, um einen Bogen nach unten zu erzeugen, und führen Sie sie durch 2 Bögen schräg nach oben. Die Fadenspannung sollte etwas lockerer sein als die Spannung des Strickstücks, damit es hinterher gut fällt.

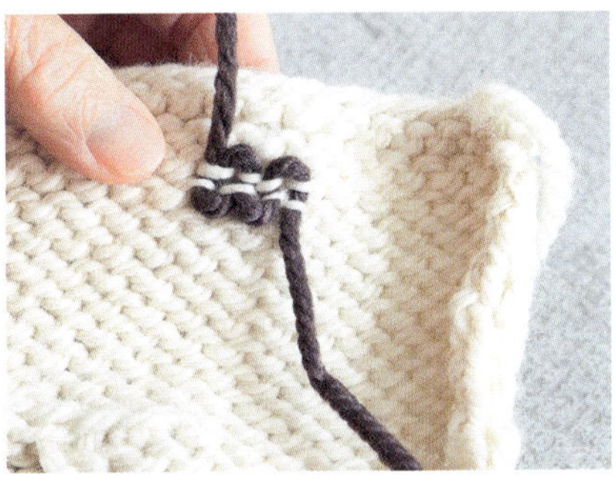

SCHRITT 4

Wenn Sie mit einem griffigen Garn wie Wolle arbeiten, müssen Sie nur 3 bis 5 Maschen auf diese Weise arbeiten. Bei rutschigerem Garn arbeiten Sie über 5 bis 7 Maschen. Schneiden Sie den Faden nach dem Vernähen ab und lassen Sie dabei 2,5 cm stehen.

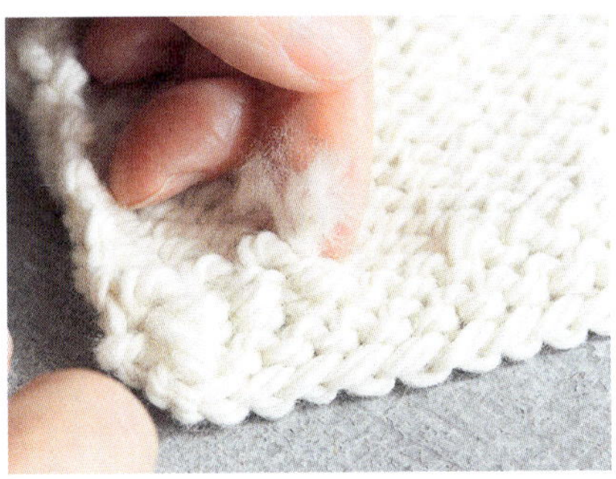

SCHRITT 5

Zwirbeln Sie das Fadenende etwas auf. Das verhindert, dass es auf die rechte Seite durchrutscht und sich die vernähte Stelle löst.

HINWEIS: Wenn Sie mit einem glatten Garn arbeiten oder mit einem, das sich nicht unsichtbar vernähen lässt, fädeln Sie Nähgarn in eine Nähnadel und vernähen Sie die Enden im Überwendlichstich fest miteinander. Zum Schluss den Nähfaden verknoten und abschneiden.

Maschenstich

Diese Technik verwende ich zum Verbinden offener Kanten.

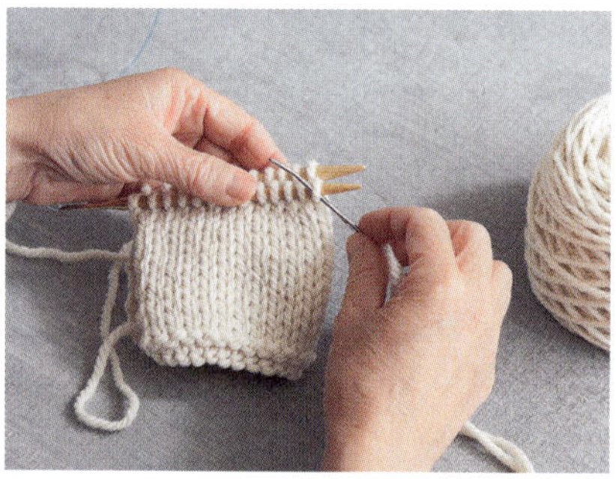

VORBEREITUNG

Heben Sie die Maschen auf 2 parallele Nadeln, die Strickteile liegen links auf links. Fädeln Sie Ihr Arbeitsgarn in der dreifachen Länge der zu verbindenden Kanten in eine Wollnadel. Eine Nadel liegt vorn, eine hinten. Führen Sie die Wollnadel wie zum Linksstricken durch die 1. Masche auf der vorderen Nadel und ziehen Sie das Garn durch. Die Masche bleibt auf der Nadel. Führen Sie dann die Wollnadel wie zum Rechtsstricken durch die 1. Masche auf der hinteren Nadel und ziehen das Garn durch. Die Masche bleibt auf der Nadel.

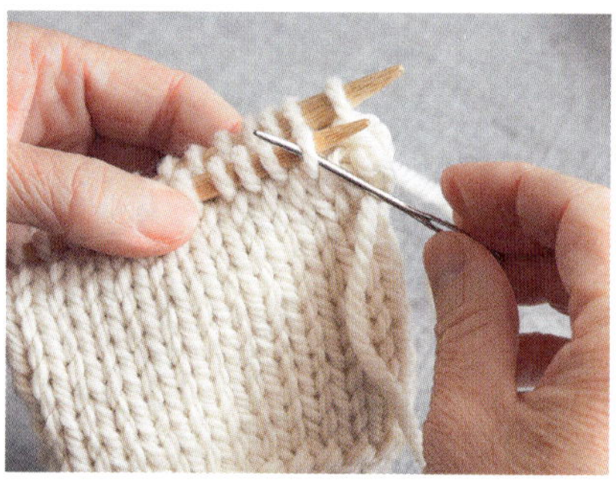

SCHRITT 1

Das Garn liegt stets unter den Nadeln. Führen Sie die Wollnadel wie zum Rechtsstricken durch die 1. Masche auf der vorderen Nadel und heben Sie die Masche von der Nadel. Dann führen Sie die Wollnadel wie zum Linksstricken durch die 2. Masche auf der vorderen Nadel (siehe Foto) und ziehen das Garn durch. Die Masche bleibt auf der Nadel.

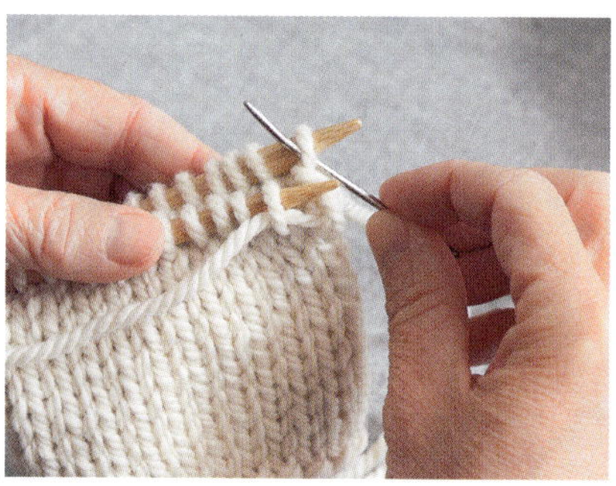

SCHRITT 2

Das Garn liegt stets unter den Nadeln. Führen Sie die Wollnadel wie zum Linksstricken durch die 1. Masche auf der hinteren Nadel (siehe Foto) und heben Sie die Masche von der Nadel. Dann führen Sie die Wollnadel wie zum Rechtsstricken durch die 2. Masche auf der hinteren Nadel und ziehen das Garn durch. Die Masche bleibt auf der Nadel.

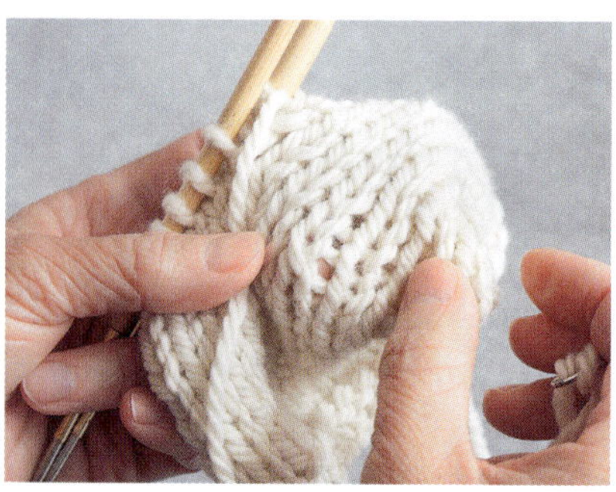

SCHRITT 3

Nach diesem Schema fortfahren: rechts abheben, links auf der Nadel lassen (vordere Nadel). Links abheben, rechts auf der Nadel lassen (hintere Nadel). Das Garn bleibt unter den Nadeln, die Fadenspannung entspricht der Strickspannung. Sie können immer nach 4 oder 5 Maschen von jeder Nadel (immer mit Schritt 2 enden) die Spannung anpassen oder erst ganz zum Schluss (bei kurzen Kanten).

Überwendlichstich

Mit dem Überwendlichstich nähe ich Taschenfutter fest. Bei gewebtem Futterstoff verwende ich Nähnadel und Faden (siehe Fotos), bei gestricktem Futter Wollnadel und Wollgarn.

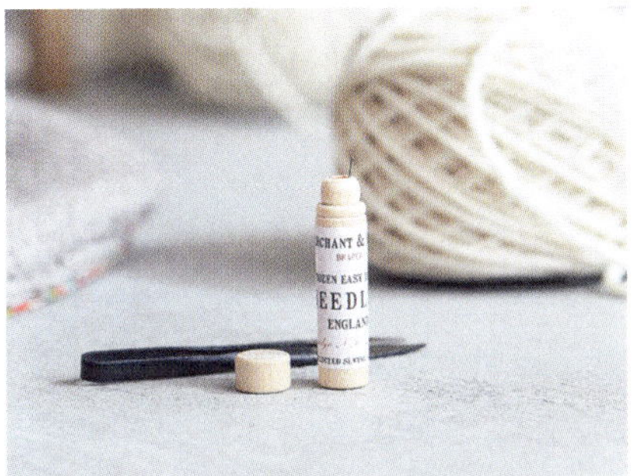

VORBEREITUNG

Fädeln Sie den Faden ein.

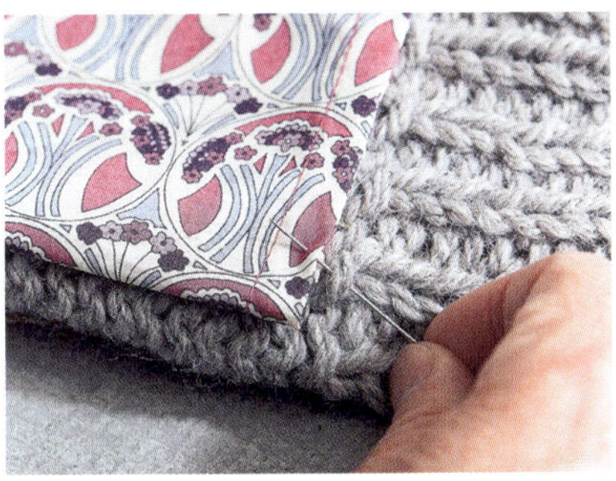

SCHRITT 1

Stechen Sie mit der Nadel durch beide Teile und führen Sie die Nadel nach oben.

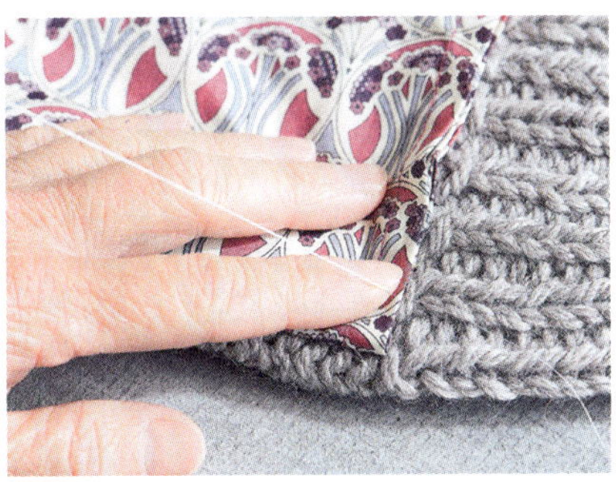

SCHRITT 2

Führen Sie die Nadel über das oben liegende Teil nach vorn.

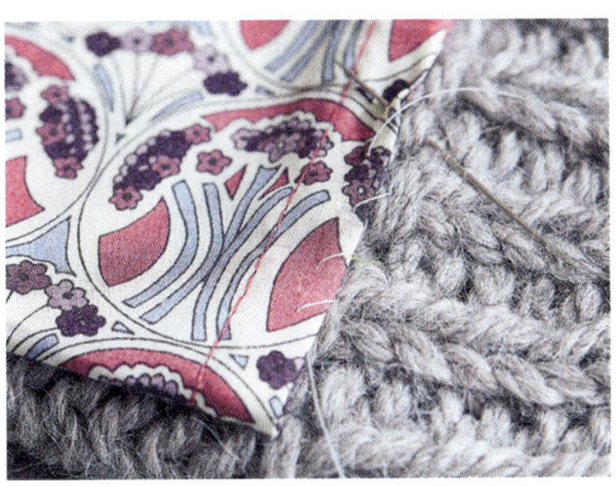

SCHRITT 3

Wiederholen Sie diese beiden Schritte, bis die Naht geschlossen ist. Verknoten Sie dann das Nähgarn und schneiden Sie es ab. Wollgarnenden vernähen Sie und schneiden sie ab.

Rechts zusammenstricken

2 M re zus-str

Diese Technik verwende ich für eine nach rechts geneigte Abnahme.

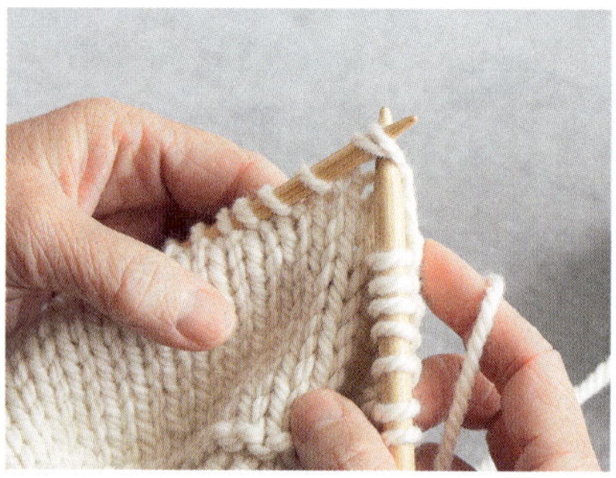

SCHRITT 1

Führen Sie die rechte Nadel von links durch die ersten beiden Maschen auf der linken Nadel.

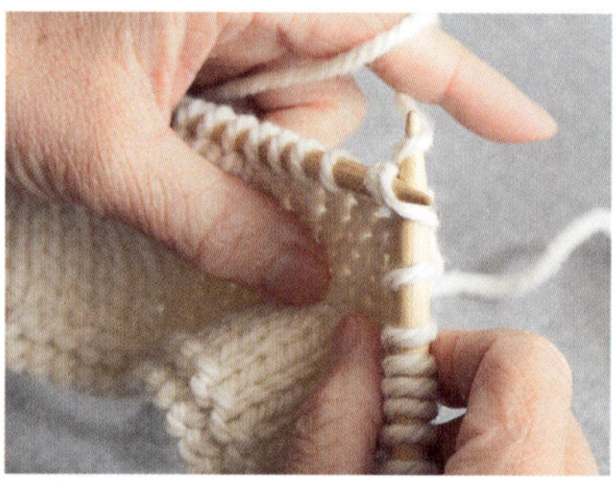

SCHRITT 2

Schlingen Sie das Garn wie für eine normale rechte Masche um die rechte Nadel.

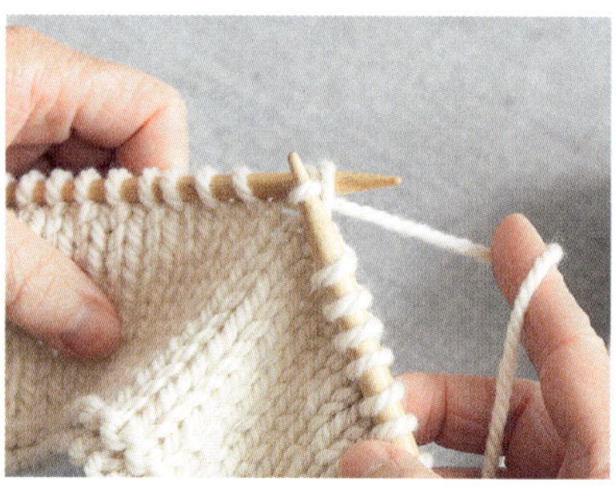

SCHRITT 3

Ziehen Sie die Nadel wie bei einer normalen rechten Masche durch beide Maschen.

Rechts verschränkt zusammenstricken mit Abheben

Slip, Slip, Knit (SSK)

Diese Technik verwende ich für eine nach links geneigte Abnahme.

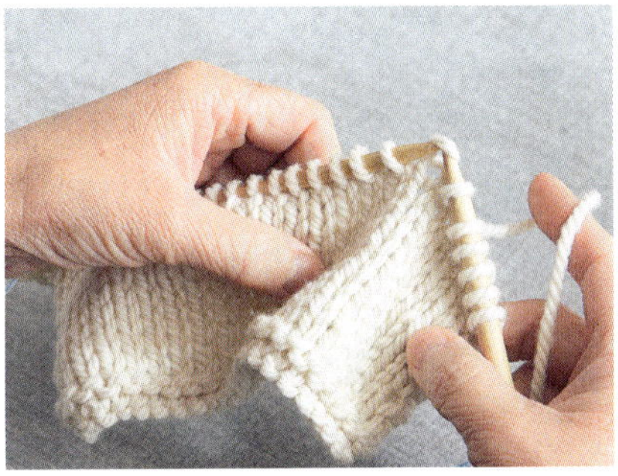

SCHRITT 1

Heben Sie nacheinander 2 Maschen nacheinander wie zum Rechtsstricken auf die rechte Nadel.

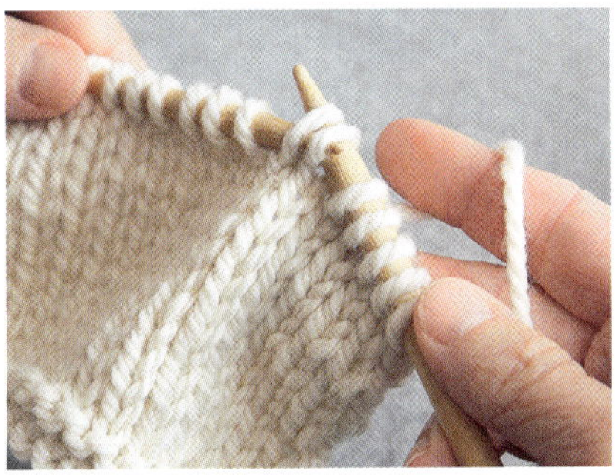

SCHRITT 2

Führen Sie die linke Nadelspitze durch die vorderen Maschenglieder der abgehobenen Maschen.

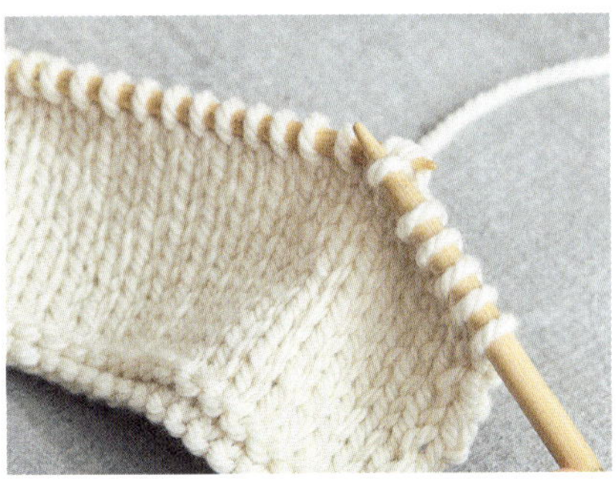

SCHRITT 3

Stricken Sie die beiden Maschen rechts zusammen – 1 Masche abgenommen. Um die Abnahme zu versäubern, stricken Sie die Masche in der nächsten Runde oder Reihe verschränkt ab.

Umschlag

U

Diese einfache Zunahme hinterlässt ein sichtbares Loch in der Arbeit und wird daher häufig bei Lochmustern und überall dort eingesetzt, wo ein dekoratives Loch erwünscht ist.

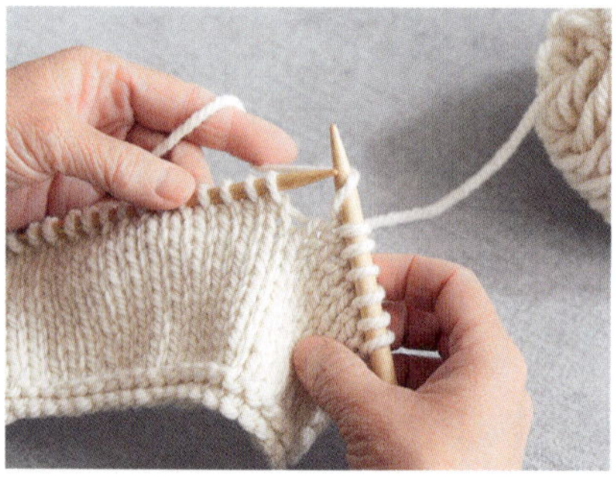

Legen Sie zwischen 2 rechten Maschen das Garn von vorn nach hinten über die rechte Nadel – 1 Masche zugenommen.

Abkürzungen

1 M re verschr zun	1 Masche rechts verschränkt aus dem Querfaden zunehmen
2 M re zus-str	2 Maschen rechts zusammenstricken (siehe S. 138)
abgen	abgenommen
abh	abheben
abk	abketten
abn	abnehmen
abschn	abschneiden
abstr	abstricken
anschl	anschlagen
arb	arbeiten
aus 1 M 2 M re herausstr	aus 1 Masche 2 Maschen rechts herausstricken (1 M zugen)
Beg	Beginn
FhdA	Faden hinter der Arbeit
folg	folgende(r/s)
FvdA	Faden vor der Arbeit
glatt re	glatt rechts (alle Hin-R oder Rd re, alle Rück-R li)
Hin-R	Hinreihe
KLL	Knit Through Left Loop (siehe S. 116)
KRL	Knit Through Right Loop (siehe S. 117)
LL	Lauflänge
li	links (Masche)
M	Masche(n)
MM	Markierer
PLL	Purl Through Left Loop (siehe S. 118)
PMA	provisorischer Maschenanschlag (siehe S. 113)
PRL	Purl Through Right Loop (siehe S. 119)
Rd	Runde(n)
re	rechts (Masche)
RS	Rückseite
RT	Rückenteil
Rück-R	Rückreihe
SSK	Slip, Slip, Knit (siehe S. 139)
U	Umschlag (siehe S. 140)
verk R	verkürzte Reihen (siehe S. 124–127)
verschr	verschränkt
VS	Vorderseite
VT	Vorderteil
wdh	wiederholen
wie zum Linksstr	wie zum Linksstricken
zugen	zugenommen
Zun	Zunahme
zus	zusammen

Weitere Modelle nach der Cocoknits-Methode

Alle hier gezeigten Oberteile werden nach der Cocoknits-Methode gestrickt, die in diesem Buch vorgestellt wird. Mehr zu den Modellen erfahren Sie auf cocoknits.com.

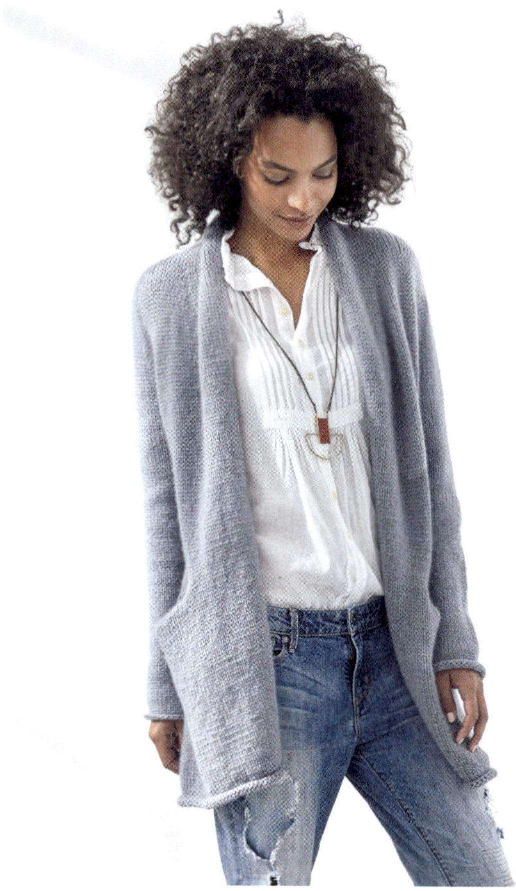

Franca

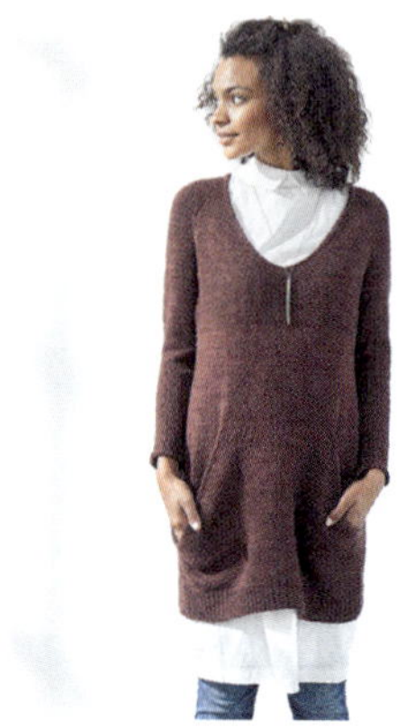

Hilary: Version A

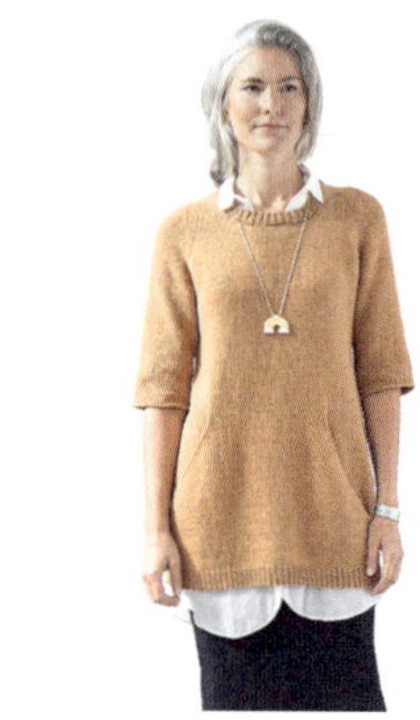

Hilary: Version B

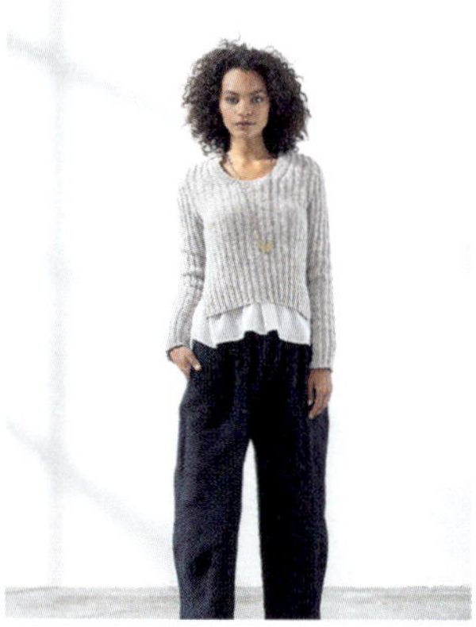

Rosa

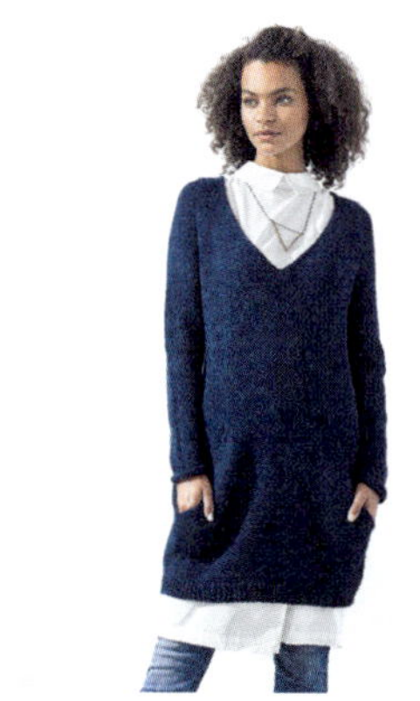

Hilary: Version A

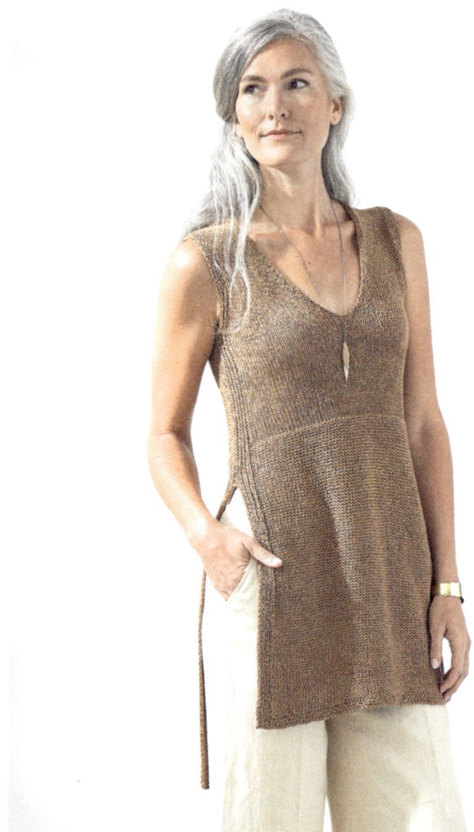

Gabrielle

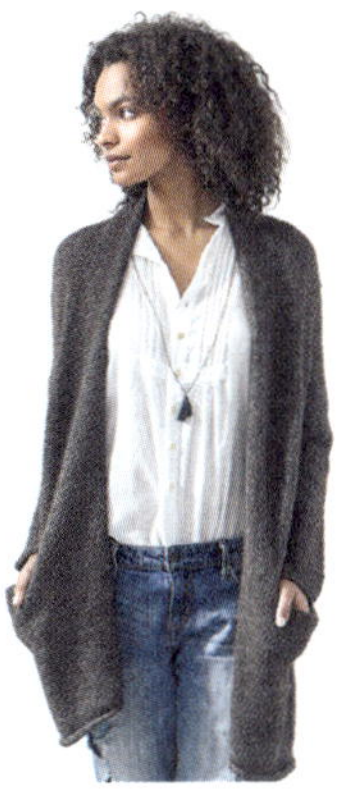

Franca

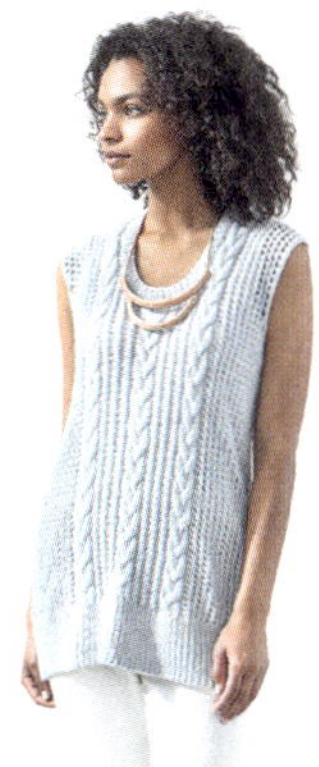

Isabelle: Version B

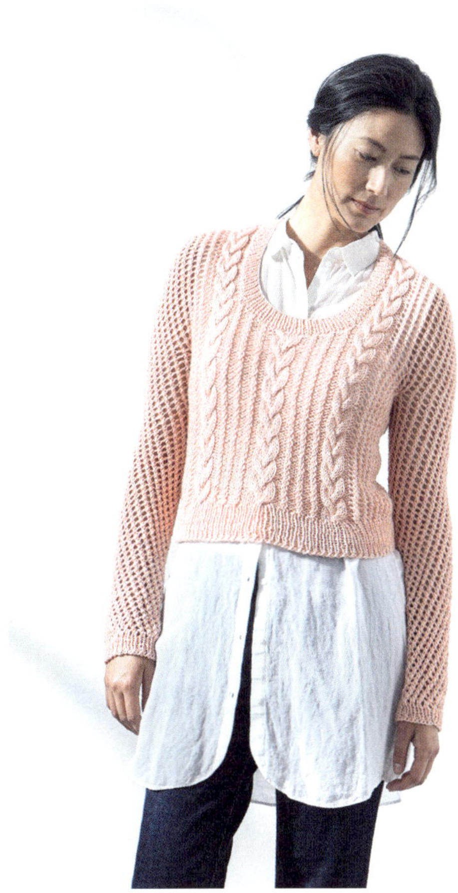

Isabelle: Version A

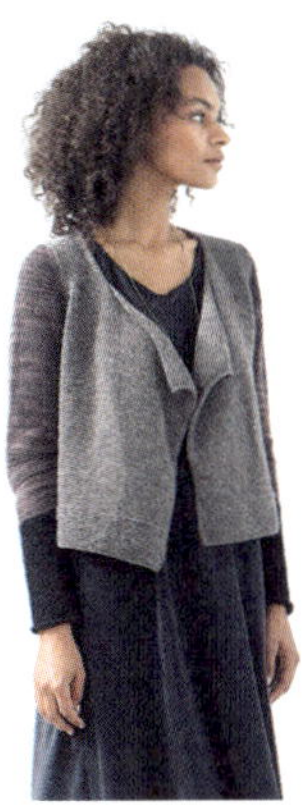

Ally

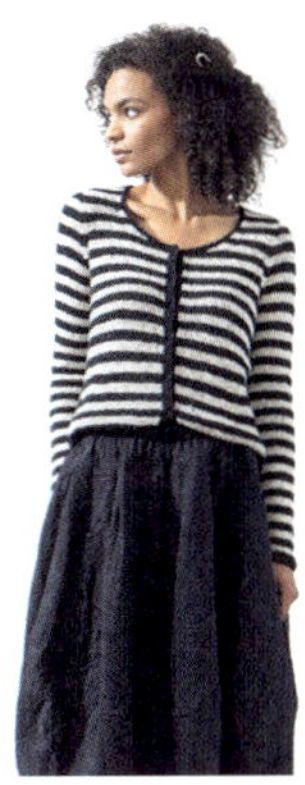

Madeleine

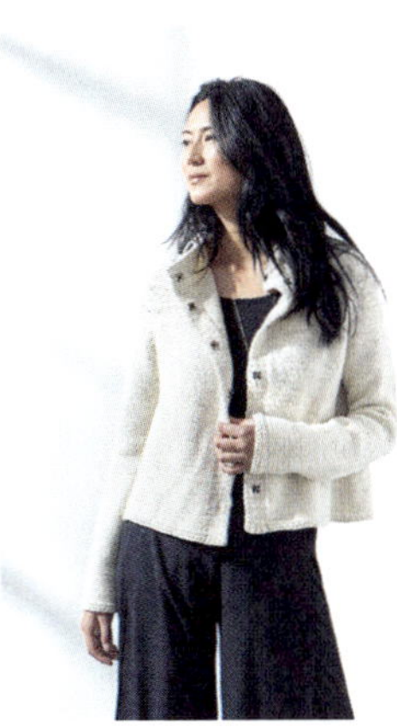

Verena: Version A

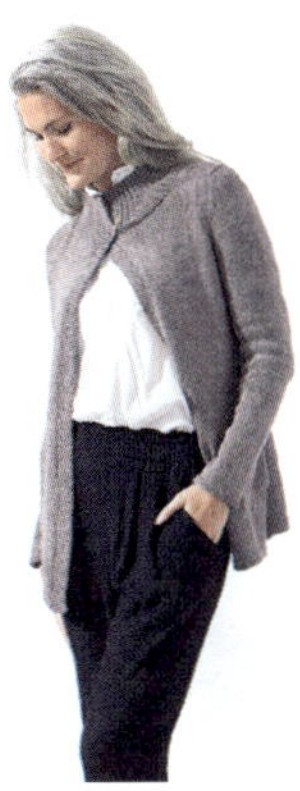

Verena: Version B

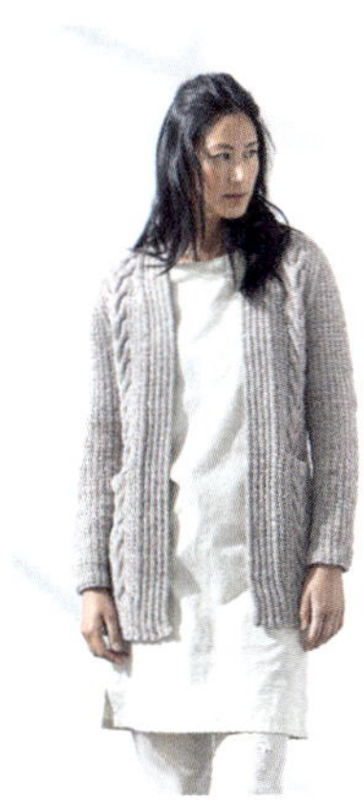

Kiki: Version A

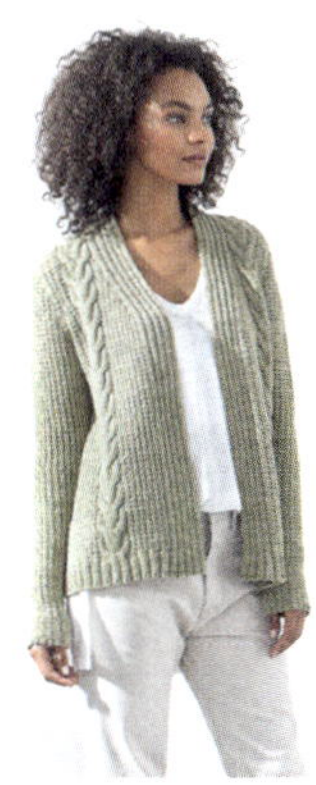

Kiki: Version B

Vorlage Cocoknits-Pullover

	RECHTES VORDERTEIL ___M	RECHTER ÄRMEL ___M	RÜCKENTEIL ___M	LINKER ÄRMEL ___M	LINKES VORDERTEIL ___M	
						1
2						
						3
4						
						5
6						
						7
8						
						9
10						
						11
12						
						13
14						
						15
16						
						17
18						
						19
20						
						21
22						
						23
24						
						25
26						
						27
28						
						29
30						
						31
32						
						33
34						
						35
36						
						37
38						
						39
40						
						41
42						
						43
44						
						45
46						
						47
48						
						49
50						
						51
52						
						53
54						
						55
56						

Strickrichtung Hin-R (beim Flachstricken) →

Strickrichtung Hin-R (beim Flachstricken) und alle Rd (beim Rundstricken) ←

GELBER MARKIERER ___M VIOLETTER MARKIERER ___M BLAUER MARKIERER ___M ORANGER MARKIERER ___M GRÜNER MARKIERER ___M ROTER MARKIERER

+1 VOR MARKIERER

+1 NACH MARKIERER

ANLEITUNG

GRÖSSE

GARN / MENGE

NADELN

MASCHENPROBE

BEGONNEN AM

FERTIGGESTELLT AM